Corina Ramsauer

Interkulturelle Konflikte

Corina Ramsauer

Interkulturelle Konflikte

Entstehung – Verlauf – Lösungsansätze

IKO – Verlag für Interkulturelle Kommunikation

Bibliographische Information der Deutschen Bibliothek
Die Deutsche Bibliothek verzeichnet diese Publikation in der Deutschen Nationalbibliographie; detaillierte bibliographische Daten sind im Internet über http://dnb.ddb.de abrufbar.

Frankfurt am Main	London
Postfach 90 04 21	70 c, Wrentham Avenue
D - 60444 Frankfurt	London NW10 3HG, UK

e-mail: info@iko-verlag.de • Internet: www.iko-verlag.de

ISBN: 978-3-88939-872-7

Umschlaggestaltung: Volker Loschek, 61184 Karben
Herstellung: Quickprinter, 51491 Overath

Inhaltsverzeichnis

1. Einleitung

1.1. Problemstellung und Zielsetzung

Wenn Menschen mit verschiedenen kulturellen Hintergründen aufeinander treffen, kommt es immer wieder zu Anpassungs- und Kommunikationsschwierigkeiten und Konflikte können somit schneller bzw. häufiger entstehen als im monokulturellen Umfeld. Die Problematik kann sich verschärfen, wenn Differenzen in der Wahrnehmung und Bewertung des Konfliktes vorhanden sind und unterschiedliche Konfliktlösungsstile aufeinanderprallen.

Das Ziel dieser Arbeit ist es zu untersuchen, welche Einflussfaktoren in Konflikten wirken und ob bzw. wie sich die intrakulturellen Konfliktstile, die in kulturvergleichenden Studien identifiziert wurden, im interkulturellen Zusammentreffen verändern.

Zu diesem Zweck wird die aktuelle Literatur untersucht und aufgearbeitet und in einer kleinen empirischen Befragung werden die persönlichen Erlebnisse und Eindrücke verschiedener interkulturell erfahrener Personen untersucht. Handlungsempfehlungen runden die gewonnenen Erkenntnisse ab.

1.2. Aufbau der Arbeit

Zu Beginn werden die beiden zentralen Begriffe, um die es in der Arbeit geht, nämlich „Kultur" und „Konflikt" bzw. „interkultureller Konflikt" definiert. Im Anschluss daran werden die anerkanntesten und bekanntesten Ansätze im Bereich der Kulturforschung überblicksmäßig präsentiert, nämlich die Kulturstandards von Thomas sowie die Kulturdimensionen von Hofstede, Hall, Trompenaars und Demorgon.

Um einen Einblick in die Vielschichtigkeit der Entstehung, Wahrnehmung und Bewertung von Konflikten sowie in die Ursachen für unterschiedliche Konfliktstile zu erhalten, werden verschiedene Einflussfaktoren in Konflikten, wie seelische Faktoren, Kommunikationsstile, Werte, Emotionen usw. untersucht und dargestellt. Auch die Entstehung von Identität, die Bildung von Ingroup/Outgroup-Grenzen, Hintergründe von Stereotypen und Vorurteilen und die Bedeutung von „Gesicht“ im interkulturellen Konflikt werden thematisiert.

Nachdem mit diesen Kapiteln die Basis für ein breites Verständnis für die zahlreichen Einflussfaktoren und Facetten in Konflikten und im Konfliktverhalten geschaffen wurde, wird nun näher auf kulturell geprägte Konfliktstile eingegangen. Hierzu werden verschiedene Modelle der intrakulturellen Konfliktforschung präsentiert. Im Anschluss daran wird auf Ergebnisse empirischer Forschungen zur Veränderung von Konfliktverhalten in der interkulturellen Begegnung eingegangen.

Den Abschluss der theoretischen Diskussion bildet eine Darstellung der Eskalationsdynamik in Konflikten.

Um die theoretischen Erkenntnisse der Arbeit aus dem persönlichen Blickwinkel von Betroffenen zu beleuchten, wurde eine kleine empirische Erhebung durchgeführt, deren Ergebnisse in Kapitel 8 dargestellt sind. Der Zweck der Erhebung war es nicht, gesicherte Forschungsergebnisse zu liefern, sondern einen Eindruck über praktische Erfahrungen zu diesem Thema zu erhalten.

Den Abschluss bilden Handlungsempfehlungen, die sich aus der vorliegenden Arbeit ergeben haben.

Ich bitte um Verständnis, dass im Sinne einer leichteren Lesbarkeit in der gesamten Arbeit die geschlechtsspezifischen Bezeichnungen nur in der männlichen Form angeführt werden. Selbstverständlich möchte ich aber in der vorliegenden Arbeit sowohl weibliche wie männliche Leser ansprechen.

2. Definitionen und Begriffsklärung

Nachdem die vorliegende Arbeit die beiden Bereiche „Kultur“ und „Konflikt“ und deren Zusammenhänge behandelt, werden diese beiden Begriffe im folgenden Kapitel zunächst näher definiert.

2.1. Kultur

Edward Burnett Tylor gilt als einer der ersten nach heutigen Maßstäben wissenschaftlich arbeitenden Kulturanthropologen. In seinem 1871 erschienenen Werk „Primitive Culture“ beschreibt er Kultur wie folgt: „Kultur (...) bezeichnet in einem weiten ethnographischen Sinn jenes komplexe Ganze, das Wissen, Glauben, Kunst, Moral, Gesetze, Brauchtum und andere Fähigkeiten und Gewohnheiten des Menschen als Mitglied einer Gesellschaft einschließt.“[1]

Im Laufe der Zeit entstanden unzählige Definitionen von Kultur. Kroeber und Kluckhohn haben 1952 bereits über 150 verschiedene Definitionen gezählt und miteinander verglichen.[2] Sie haben die Definitionen in folgende Kategorien unterteilt:[3]

- *deskriptive Definitionen:* der Schwerpunkt liegt auf der Beschreibung und Auflistung menschlichen Verhaltens;
- *historische Definitionen:* die Herkunft und Weitergabe des kulturellen Erbes steht im Vordergrund;
- *normative Definitionen:* versuchen, hinter die Kulissen des beobachtbaren Verhaltens zu blicken und zu ergründen, wodurch das Verhalten bestimmt wird;
- *psychologische Definitionen:* das Hauptaugenmerk liegt auf psychologischen Aspekten, wie z.B. Lern- oder Problemlösungsverhalten;

---

[1] P. Bohannan/D. Elst, 2003, S. 30, zit. nach S. Kessen, 2004, S. 120
[2] vgl. A. Thomas, 2003a, S. 21
[3] vgl. A.L. Kroeber/C. Kluckhohn, 1952, zit. nach F. Brück, 2002, S. 12

- *strukturierte Definitionen:* über die reine Beschreibung hinaus wird versucht, kulturelle Muster zu bestimmen;
- *genetische Definitionen:* der Schwerpunkt liegt auf der Herkunft und Entstehung von Kultur.

Der klassische anthropologische Kulturbegriff besagt, „dass jede Kultur eine unverwechselbare Einheit und ein historisch dauerhaftes und integriertes Ganzes sei. Eine Kultur umfasst von der Technik über die Sozialorganisation und die typischen Persönlichkeitsmerkmale bis zur Religion alle Aspekte der Lebensweise einer Gruppe von Menschen, welche nicht mit ihrer biologischen Natur in Zusammenhang stehen. Die verschiedenen Bereiche werden durch ein Ensemble von Werten und Normen integriert und dadurch zu einem zusammenhängenden organischen Ganzen umgeformt."[4]

Ausgehend von diesem klassischen Kulturbegriff schlägt Wimmer vor, „Kultur als einen offenen und instabilen Prozess des Aushandelns von Bedeutungen zu definieren, der kognitiv kompetente Akteure in unterschiedlichen Interessenslagen zueinander in Beziehung setzt und bei einer Kompromissbildung zur sozialen Abschließung (von Gruppen; Anm. von C. Mattl) und entsprechenden kulturellen Grenzmarkierung führt."[5]

Cohens Definition von Kultur lautet: „Culture constructs reality; different cultures construct reality differently; communication across cultures puts different constructions of reality against each other."[6]

Keller unterscheidet zwischen Kultur als deskriptivem und explikativem Konzept:[7]

Kultur als deskriptives Konzept: Kultur wird als materielle und soziale Kultur verstanden, deren „Perzepta", das sind Verhalten und Verhaltensergebnisse, beobachtbar sind (z.B. Architektur, soziale Institutionen).

---

[4] zit. nach C. Mattl, 2006, S. 37; für eine klassische Zusammenfassung vgl. Kroeber/Kluckhohn, 1952; Wimmer, 1996

[5] A. Wimmer, 1996, S. 413, zit. nach C. Mattl, 2006, S. 37

[6] R. Cohen, 1996, S. 22, zit. nach S. Kessen, 2004, S. 121

[7] vgl. E. Keller, 1982, S. 120 ff., zit. nach C. Mattl, 2006, S. 37

Kultur als explikatives Konzept: Kultur wird als geistige oder kognitive Kultur gesehen, deren „Konzepta", das sind Verhaltensursachen, aus dem Verhalten erschlossen werden müssen, also nicht direkt beobachtbar sind (z.B. implizite oder explizite Verhaltensnormen).

Hofstede bezeichnet Kultur als „mentale Software" bzw. „mentale Programmierung".[8] Er definiert Kultur als „kollektive Programmierung des Geistes, die die Mitglieder einer Gruppe oder Kategorie von Menschen von einer anderen unterscheidet."[9]

Thomas et al. versuchen das komplexe Phänomen Kultur wie folgt zu strukturieren: Kultur ist „ein universelles, für eine Gesellschaft, Nation, Organisation und Gruppe typisches Orientierungssystem. Dieses Orientierungssystem wird aus spezifischen Symbolen gebildet (z.B. Sprache, bedeutungshaltige Zeichen, typische Verhaltensweisen) und in der jeweiligen Gesellschaft, Organisation, Gruppe usw. tradiert. Es beeinflusst das Wahrnehmen, Denken, Werten und Handeln aller Mitglieder und definiert somit deren Zugehörigkeit zur Gesellschaft. Das Orientierungssystem ermöglicht den Mitgliedern der Gesellschaft ihre eigene Umweltbewältigung, es erlaubt eine rasche Kommunikation, erleichtert die Orientierung in komplexen sozialen Feldern und fördert die reibungslose und effektive interpersonale Kooperation."[10]

Wie wir sehen, gibt es unzählige Definitionen von Kultur. Die oben genannten sind nur ein kleiner Ausschnitt davon. Worin sich alle Forscher, die sich theoretisch mit dem Kulturbegriff auseinandersetzen, aber einig sind, ist, dass Kultur einen sehr weiten Bereich umfasst, angefangen von den vom Menschen hergestellten Gegenständen über Werte, Ideen, Weltbilder, Sprache und Philosophien bis zur Art und Weise, wie sie mit belebten und unbelebten Dingen umgehen.[11]

---

[8] vgl. G. Hofstede, 2001, S. 2 f

[9] G. Hofstede, 2001, S. 4

[10] A. Thomas et al., 2003b, S. 239

[11] vgl. A. Thomas, 2003a, S. 21

Unter Kultur ist jedoch kein statisches homogenes Ganzes, sondern vielmehr ein flexibles, sich über die Zeit veränderndes Bezugssystem zu verstehen, das sowohl die supranationale, die nationale oder auch die regionale Kultur betreffen kann (z.B. Europa, Österreich, Wien). Der einzelne Mensch ist nicht nur Träger einer einzigen Kultur, sondern vieler Kulturen, und zwar nicht nur hinsichtlich der regionalen Herkunft: Jeder gehört auch der Kultur einer bestimmten sozialen Schicht, Berufsgruppe, ev. Glaubenszugehörigkeit, Interessensgemeinschaft etc. an. Die Unterschiede innerhalb einer Kultur können unter Umständen größer sein als zwischen Kulturen und der Träger einer bestimmten Kultur kann auch ein konflikthaftes Verhältnis zu anderen Vertretern innerhalb seiner Kultur aufweisen.[12]

Das im vorhergehenden Absatz erwähnte Bezugssystem, auch „Orientierungssystem" genannt, besteht aus Symbolen (z.B. Sprache, Mimik, Gestik, Kleidung, Begrüßungsrituale) und wird in der jeweiligen Gesellschaft, Organisation oder Gruppe an die nachfolgenden Generationen weitergegeben. Es definiert die Zugehörigkeit der Mitglieder zur Gesellschaft oder Gruppe und ermöglicht ihnen die Bewältigung ihrer Umwelt. Es schafft Handlungsmöglichkeiten und setzt andererseits Handlungsgrenzen fest. Das Orientierungssystem, das uns unsere Kultur bietet, hilft uns, den Dingen und Ereignissen um uns herum Bedeutung und Sinn zu geben.[13]

Wie wir später noch sehen werden, beeinflusst unsere Kultur weite Bereiche unserer Wahrnehmung und Interpretation der Welt, unseren Umgang mit anderen Menschen, unsere Kommunikation und natürlich auch unser Konfliktverhalten. Sie verschafft uns Identität und Zugehörigkeitsgefühl, sie vermittelt uns Werte und sagt uns, wie wir uns zu verhalten haben. Meist haben wir viele Bereiche unseres kulturellen Orientierungssystems soweit verinnerlicht, dass wir völlig unbewusst danach handeln.

Bei all diesen kulturellen Betrachtungen stellt sich allerdings auch die Frage, inwiefern ein Mensch überhaupt in ein „kulturelles Raster" gepresst werden kann? Kultur wird immer lokal erworben und da das soziale Um-

---

[12] vgl. E. Reif, 2004, S. 31

[13] vgl. A. Thomas, 2003a, S. 22

feld jedes Menschen unterschiedlich ist, entsteht ein sehr fein differenziertes Kulturnetz. In letzter Konsequenz hat also jeder Mensch seine eigene Kultur.[14]

2.2. Konflikt und interkultureller Konflikt

Konflikte sind komplexe Situationen, in denen die beteiligten Personen zunächst nicht in der Lage sind, ein Problem so strukturiert in Angriff zu nehmen, dass zielorientiertes Handeln möglich wird und dabei die Interessen aller Beteiligten berücksichtigt werden. Vielen Konfliktdefinitionen gemeinsam ist, dass der Begriff negativ konnotiert ist.[15] Auch die „Unvereinbarkeit" von Interessen und Wünschen wird betont.

Nachfolgend werden einige der unzähligen Konfliktdefinitionen beispielhaft zitiert, die sich auf Konflikte im Allgemeinen – d.h. nicht speziell auf interkulturelle Konflikte – beziehen.

„Konflikt ist eine Spannungssituation, in der zwei oder mehr Parteien, die voneinander abhängig sind, scheinbar oder tatsächlich unvereinbare Handlungspläne zu verwirklichen suchen und sich dabei ihrer Gegnerschaft bewusst sind."[16]

„Ein Konflikt liegt vor, wenn nicht zu vereinbarende Handlungstendenzen aufeinander stoßen."[17]

Ein Konflikt ist eine Situation, in der sich „zwei scheinbar unvereinbare Standpunkte/Handlungswünsche gegenüber stehen. Der Handlungswunsch der einen Person schließt den Handlungswunsch der anderen Person aus."[18] In einer Konfliktsituation argumentieren beide Partner aus der eigenen Rea-

[14] vgl. S. Kessen, 2004, S. 124

[15] vgl. D. Kappe, 1996, S. 20

[16] B. Rüttinger, 1977, S. 22, zit. nach D. Kappe, 1996, S. 20

[17] M. Deutsch, 1976, S. 5, zit. nach D. Kappe, 1996, S. 20

[18] C. Besemer, 1999, S. 14, zit. nach C.-H. Mayer, 2006, S. 23

lität heraus. Diese Realität ist individuell, gesellschaftlich und kulturell geprägt.[19]

Konflikte verdeutlichen die unterschiedlichen Interessen der Menschen, die sich im Konflikt befinden und weisen auf die Notwendigkeit der Veränderung in der Beziehungsgestaltung hin. Sie verweisen auf Differenzen und sensibilisieren somit für die Bewusstwerdung der Relativität eigener Wirklichkeit.[20]

Glasl[21] versucht eine Synthese verschiedener Konfliktdefinitionen herzustellen:

„Sozialer Konflikt ist eine Interaktion

- zwischen Aktoren (Individuen, Gruppen, Organisationen usw.)
- wobei wenigstens ein Aktor
- eine Differenz bzw. Unvereinbarkeiten

  im Wahrnehmen

  und im Denken bzw. Vorstellen

  und im Fühlen

  und im Wollen
- mit dem anderen Aktor (den anderen Aktoren) in der Art erlebt,
- dass beim Verwirklichen dessen,

  was der Aktor denkt, fühlt oder will eine Beeinträchtigung
- durch einen anderen Aktor (die anderen Aktoren) erfolge."

---

[19] vgl. C.-H. Mayer, 2006, S. 23

[20] vgl. C.-H. Mayer, 2006, S. 27

[21] F. Glasl, 2004, S. 17

Christine Mattl führt in ihrer Arbeit drei Felder an, aufgrund derer sich Akteure konflikthaft verhalten:[22]

- *Gesellschaftliche Faktoren:* Konflikte können einerseits Identitäten aufbauen, andererseits aber auch – im Falle von Stigmatisierungen – desintegrative Folgen für bestimmte soziale Gruppen haben. Auch Ressourcenknappheit kann Konflikte auslösen. Die Akteure kämpfen aber nicht nur um Ressourcen, sondern entwickeln in Interaktionen auch unterschiedliche emotionale Energien.
- *Situationslogik:* Je nachdem, von welchem Verhalten sich Akteure einen Vorteil versprechen, verhalten sie sich kooperativ oder konflikthaft.
- *Innerpsychische und biologische Faktoren:* Die Frustrations-Aggressionstheorie der Sozialpsychologie besagt, dass sich Aggression dann manifestiert, wenn die individuelle Disposition auf gesellschaftliche Hinweisreize trifft. Psychoanalytische Untersuchungen haben ergeben, dass Konflikte primär durch den Widerspruch gesellschaftlicher Erwartungen an das Individuum und seinen individuellen Bedürfnissen entstehen.

Bei der Definition des **interkulturellen Konflikts** stellt sich die grundsätzliche Frage, ob es sich bereits um einen interkulturellen Konflikt handelt, wenn zwei Vertreter verschiedener Kulturen anwesend sind, oder ob der Konfliktgegenstand bzw. die Konfliktursache kulturell bedingt sein müssen.[23]

Mattl erarbeitete in Anlehnung an die weiter oben zitierte Konfliktdefinition von Glasl folgende Definition für interkulturelle interpersonale Konflikte:

„Interkulturelle interpersonale Konflikte sind Konflikte im Sinne einer Interaktion zwischen Personen, die verschiedene kulturelle Systeme repräsentieren, wobei wenigstens eine Person Unvereinbarkeiten im Den-

---

[22] vgl. C. Mattl, 2006, S. 21 ff.

[23] vgl. C. Mattl, 2006, S. 92

ken/Vorstellen/Wahrnehmen und/oder Fühlen und/oder Wollen, mit der anderen Person in der Art erlebt, dass im Realisieren eine Beeinträchtigung durch die andere Person erfolgt und Kultur eine Rolle spielt.“[24]

Stella Ting-Toomey definiert in ihrem ersten, viel zitierten Aufsatz interkulturelle Konflikte folgendermaßen:

„Conflict, in this chapter, is conceptually defined as a form of intense interpersonal and/or intrapersonal dissonance (tension or antagonism) between two or more interdependent parties based on incompatible goals, needs, desires, values, beliefs, and/or attitudes. (…) Intercultural misunderstanding and potential conflict arise when two individuals, coming from two distinctive cultures, have two different ways of expressing and interpreting the same symbolic action.“[25]

Die neueste Definition eines interkulturellen Konflikts ist jene von Ting-Toomey und Oetzel, die auch Emotionen mit einbezieht:

„Intercultural conflict is defined (…) as the experience of emotional frustration in conjunction with perceived incompatibility of values, norms, face orientations, goals, scarce resources, processes, and/or outcomes between a minimum of two parties from two different cultural communities in an interactive situation.“[26]

Ting-Toomey definiert folgende Hauptmerkmale eines interkulturellen Konflikts:[27]

- Der Konflikt beinhaltet interkulturelle Wahrnehmungen. Die Wahrnehmung wird durch eine Brille aus Ethnozentrismus und Stereotypen gefiltert. Diese Wahrnehmungen färben wiederum den Konfliktattribuierungsprozess.

---

[24] C. Mattl, 2004, S. 12

[25] S. Ting-Toomey, 1985, S. 72, zit. nach C. Mattl, 2006, S. 93

[26] S. Ting-Toomey/J.G. Oetzel, 2001, S. 17, zit. nach C. Mattl, 2006, S. 56

[27] vgl. S. Ting-Toomey, 1999, S. 196 ff., zit. nach C. Mattl, 2006, S. 57

- Der Konflikt beinhaltet Interaktion – sowohl das Aufrechterhalten als auch der Umgang mit dem Konflikt erfolgt durch verbales und nonverbales Verhalten, beide sind kulturgebundene Konzepte.
- Es liegt ein gegenseitiges Abhängigkeitsverhältnis vor – damit ein Konflikt entstehen kann, muss das Verhalten von einer oder beiden Parteien Konsequenzen für die andere haben. Sonst könnten die Konfliktparteien einfach auseinander gehen.
- Ein Konflikt beinhaltet sowohl Ziele in eigenem Interesse als auch solche von gegenseitigem Interesse.
- Ein Konflikt beinhaltet den Schutz von Bildern und Werten der eigenen Gruppe. In einer interkulturellen Situation zwischen zwei oder mehreren Gruppen, müssen die Konfliktparteien darauf bedacht sein, sowohl ihre individuelle als auch ihre gruppenbasierte Identität zu erhalten.

Abschließend kann gesagt werden, dass ein Konflikt von verschiedenen inneren wie äußeren Faktoren beeinflusst wird. Sowohl im intra- wie auch im interkulturellen Bereich prallen zwei „Welten“ aufeinander, die – zumindest auf den ersten Blick – in einer oder mehreren Hinsichten unvereinbar scheinen. In jedem Konflikt ist nicht nur die Sachebene, sondern auch die Beziehungsebene involviert und der Umgang damit ist – wie wir später noch sehen werden – sowohl individuell wie auch kulturell geprägt.

3. Theoretische Grundlagen

3.1. Handlungstheoretische Grundsätze

Im interkulturellen Konflikt spielt neben den persönlichen Dispositionen des Individuums auch die kulturelle Komponente eine wichtige Rolle. Es entstehen Missverständnisse aufgrund von Wahrnehmungsunterschieden, sprachlichen Schwierigkeiten, unterschiedlichen Ausdrucksweisen und – möglichkeiten, verschiedenen Wertehaltungen usw. Die Kultur kann somit (Mit-)auslöser eines Konfliktes sein und auch die Konfliktdynamik und den Konfliktverlauf stark beeinflussen.

Die handlungstheoretischen Grundsätze liefern einige Ansatzpunkte, die in der interkulturellen Begegnung von Bedeutung sind. Sie befassen sich mit den komplexen Antriebs-, Steuerungs- und Kontrollprozessen, aufgrund derer eine Person eine konkrete Situation analysiert und ihre Handlung dementsprechend abstimmt. Im Gegensatz zu „Verhalten" liegt „Handeln" ein bewusstes Ziel zugrunde. Die Aktivitäten einer Person werden zum Zwecke der Zielerreichung bewusst organisiert. In der interkulturellen Begegnung treffen unterschiedliche Umwelt- und Sozialisationsbedingungen zusammen, was eine gemeinsame Handlungsausrichtung erschwert. Die unterschiedlichen Denk- und Verhaltensweisen und Emotionen sind schwer in Einklang zu bringen. Bewährte Handlungsstrategien, Bewertungs- und Interpretationsmuster sind nicht mehr gültig und Handlungsziele werden nicht erreicht. Die gegenseitigen Reaktionen werden nicht oder nur teilweise verstanden. Die Folge davon sind Desorientierung und Handlungsunsicherheit. Je größer die kulturellen Differenzen sind, desto schwieriger gestaltet sich die Verständigung. Um diese kulturellen Differenzen zu überbrücken, ist es daher notwendig, die fremdkulturellen Bedingungen bewusst zur Kenntnis zu nehmen und neue Verhaltensmuster zu entwickeln.[28]

Zum besseren Verständnis der Ausgangsbedingungen in der interkulturellen Kommunikation erfolgt in den nächsten Kapiteln ein Überblick zu For-

---

[28] vgl. D. Kappe, 1996, S. 9 f.

schungsergebnissen und theoretischen Grundlagen zu den Themen Kultur und Konflikt.

3.2. Kulturstandards

Im Laufe der vergangenen Jahrzehnte haben sich viele Forscher bemüht, das äußerst komplexe Phänomen „Kultur“ in logische Kategorien zu fassen. Daraus gingen einerseits die verschiedenen „Kulturdimensionen“ hervor, die sich mit allgemeinen kulturellen Kategorien auseinandersetzen (siehe Kapitel 3.3.) und andererseits die „Kulturstandards“. Bei den Letztgenannten wird versucht, unterschiedliche Kategorien zwischen zwei Kulturen zu spezifizieren, also z.B. zwischen Deutschen und Amerikanern. Für Deutsche und Franzosen würden wiederum andere Kulturstandards gelten.

Thomas definiert Kulturstandards über folgende fünf Merkmale:[29]

- *Kulturstandards sind Arten des Wahrnehmens, Denkens, Wertens und Handelns, die von der Mehrzahl der Mitglieder einer bestimmten Kultur für sich und andere als normal, typisch und verbindlich angesehen werden.*
- *Eigenes und fremdes Verhalten wird aufgrund dieser Kulturstandards gesteuert, reguliert und beurteilt.*
- *Kulturstandards besitzen Regulationsfunktion in einem weiten Bereich der Situationsbewältigung und des Umgangs mit Personen.*
- *Die individuelle und gruppenspezifische Art und Weise des Umgangs mit Kulturstandards zur Verhaltensregulation kann innerhalb eines gewissen Toleranzbereichs variieren.*
- *Verhaltensweisen, die sich außerhalb der bereichsspezifischen Grenzen bewegen, werden von der sozialen Umwelt abgelehnt und sanktioniert.*

Zentrale Kulturstandards sind für das Handeln der Menschen in einem bestimmten Kulturraum unverwechselbar und charakteristisch. Thomas bringt

---

[29] A. Thomas, 2003a, S. 25

folgendes Beispiel aus der Produktentwicklung in einem deutsch-amerikanischen Team: Die amerikanischen Mitarbeiter neigen dazu, sich in einem ersten Schritt Gedanken darüber zu machen, wer das Produkt kauft und nutzt und wie der Nutzeneffekt sichergestellt werden kann. Die deutschen Mitarbeiter hingegen wollen zuerst klären, wie das Produkt nach dem neuesten Stand der Technik perfekt konstruiert werden soll. Hier prallen also zwei kulturspezifische Orientierungen aufeinander, nämlich Nutzer-/Kundenorientierung vs. Sachorientierung in Verbindung mit technischer Perfektion.[30]

Für die deutsche Kultur hat Thomas beispielsweise sieben zentrale Kulturstandards identifiziert: Sachorientierung (Beschäftigung mit Sachverhalten ist wichtiger als Beschäftigung mit Personen), Regelorientierung (Wertschätzung von Regeln und Strukturen), Direktheit/Wahrhaftigkeit (der direkte Weg ist der beste; es gibt richtig/falsch, ja/nein und nichts dazwischen), interpersonale Distanzdifferenzierung (kein ungefragtes Einmischen in Angelegenheiten anderer, Abstand und Zurückhaltung), internalisierte Kontrolle, Zeitplanung (Zeit ist Geld, alles muss geplant werden), Trennung von Persönlichkeits- und Lebensbereichen.[31]

Neben den zentralen Kulturstandards führt Thomas die bereichsspezifischen Kulturstandards an. Diese entfalten ihre Wirksamkeit erst im Zusammenhang mit einem bestimmten Handlungsfeld, d.h. sie sind ziel-, aufgaben- und kontextgebunden. Es können in bestimmten Situationen auch kontextuelle Kulturstandards wirksam werden, wie das folgende Beispiel der Senioritätsorientierung zeigt: Die konfuzianische Lehre besagt, dass älteren Menschen Verehrung und Respekt entgegengebracht werden muss, unabhängig vom sozialen Status. Wenn nun eine ältere Person zu einem Kreis von jüngeren stößt und sich am sozialen Geschehen beteiligt, ändert sich daraufhin die gesamte Atmosphäre und erfährt eine völlige Veränderung.[32]

---

[30] vgl. A. Thomas, 2003a, S. 24 f.

[31] vgl. A. Thomas, 2003a, S. 26

[32] vgl. A. Thomas, 2003a, S. 28

3.3. Kulturdimensionen

Verschiedene Forscher haben in zum Teil sehr umfangreichen Befragungen versucht, bestimmte Grunddimensionen menschlichen Verhaltens zu kategorisieren und mit so genannten „Kulturdimensionen“ zu beschreiben. Basierend auf der Übersicht von Gabriel Layes werden nachfolgend einige der wichtigsten Vertreter und ihre Forschungsergebnisse in einem Überblick dargestellt:[33]

3.3.1. Geert Hofstede

- **Machtdistanz:** In welchem Ausmaß werden ungleiche Machtverhältnisse in einer Kultur erwartet und akzeptiert. Steile Hierarchien vs. flache Hierarchien.

- **Individualismus/Kollektivismus:** Definieren sich die Mitglieder einer Kultur als Teil eines Beziehungsgefüges und versuchen, persönliche Ziele mit Gruppenzielen in Einklang zu bringen (kollektivistisch) oder fühlen sie sich als autonome Individuen, die persönliche Ziele unabhängig von den Interessen der Bezugsgruppe definieren und verfolgen (individualistisch).

- **Unsicherheitsvermeidung:** Diese Dimension beschreibt, in welchem Maß unklare und mehrdeutige Situationen Verunsicherung und Ängstlichkeit hervorrufen. Die Verbindlichkeit von Regeln ist je nach Grad der Unsicherheitsvermeidung stärker oder schwächer.

- **Maskulinität/Feminität:** Diese Dimension bildet ab, in welchem Ausmaß die Geschlechterrollen klar voneinander getrennt sind oder ob die Grenzen fließend sind.

  In einer **maskulinen** Kultur sind die Rollen klar getrennt. Die männliche Rolle ist gekennzeichnet durch Leistungsstreben, Durchsetzungsvermögen, Dominanz, materielles Streben, die weibliche Rolle

[33] vgl. G. Layes, 2003, S. 60-73

hingegen durch Fürsorge, Bescheidenheit, Warmherzigkeit, Unterordnung.

In **femininen** Kulturen sind die Geschlechterrollen nicht so klar abgegrenzt und sowohl Frauen wie auch Männer können fast alle gesellschaftlichen Rollen wahrnehmen.

- **Langzeitorientierung:** Besagt, in welchem Ausmaß langfristiges Denken geschätzt wird.

  Hoch: Alte Traditionen wirken bis in die Gegenwart. Handlungen von heute haben für die Zukunft hohe Verbindlichkeit. Über Generationen hinweg entstehen stabile, verbindliche soziale Gefüge, die nur schwer zu verändern sind.

  Gering: Traditionen haben eher nostalgischen Wert. Was heute passiert, kann morgen schon „Schnee von gestern" sein. Soziale Veränderungen vollziehen sich sehr leicht, soziale Verhältnisse sind entsprechend instabil und unverbindlich.

3.3.2. Edward T. Hall

Hall verfolgte in seiner Arbeit einen eher anthropologischen Ansatz, indem er versuchte, grundlegende Dimensionen des menschlichen Zusammenlebens zu identifizieren. Seiner Ansicht nach sind dies die Dimensionen Raum, Zeit und Kommunikation. Jede Kultur entwickelt hier bestimmte Handlungsstandards.

- **Raum:** Unterschiede in der körperlichen Distanz.
- **Zeit: monochron oder polychron**

  Monochron: lineare Abläufe, gezielte Planung, Zuverlässigkeit, Zeiteinhaltung

  Polychron: verschiedene Handlungsebenen gleichzeitig, zeitliche Flexibilität

- **Kommunikation: Low-context oder high-context**

  Low-context: relevante Information wird sprachlich expliziert, wenig Raum für Interpretation.

  High-context: Kontext, nonverbale Signale, Andeutungen, bildhafte Vergleiche etc. sind wesentlicher Bestandteil der Kommunikation.

3.3.3. Fons Trompenaars

Trompenaars hat die Modelle von Hofstede, Hall und anderen aufgegriffen und ein eigenes, populärwissenschaftliches Kulturdimensionen-Modell entwickelt. Er definierte kulturelle Unterschiede in drei grundlegenden Lebensbereichen, nämlich Zeit, Verhältnis zur Natur, Verhältnis zu anderen Menschen. Aus dem Verhältnis zur Zeit und zur Natur leitet er je eine Kulturdimension ab, aus dem Verhältnis zu anderen Menschen fünf Kulturdimensionen.

Verhältnis zu anderen Menschen

- **Individualismus/Kollektivismus:** diese Dimension ist nahezu identisch mit jener Hofstedes.
- **Universalismus/Partikularismus:** Ist die Befolgung von Regeln (Universalismus) oder das Eingehen auf Umstände/Beziehungen (Partikularismus) wichtiger?
- **Neutral/affektiv:** Ist es üblich und sozial akzeptiert, in öffentlichen Situationen starke Gefühle zu zeigen?

  In einer „neutralen Kultur" ist man bemüht, Gefühle unter Kontrolle zu halten und möglichst sachlich zu argumentieren. In einer „affektiven Kultur" kann man seine Gefühle spontan ausdrücken: lautes Lachen oder zorniges Auf-den-Tisch-schlagen wird akzeptiert.
- **Spezifisch/diffus:** Auf welche Art und Weise wird anderen Menschen Zugang zur eigenen Person gewährt und inwieweit werden Lebensbereiche vermischt? In spezifischen Kulturen begegnet man sich nur in bestimmten Lebensbereichen, z.B. am Arbeitsplatz, im Sportverein, in der Schule. Die Menschen haben nicht den Wunsch,

auch in anderen Lebensbereichen miteinander Umgang zu haben. In diffusen Kulturen hingegen haben Menschen, die einen bestimmten Grad der Bekanntheit erreicht haben, uneingeschränkten Zugang zu allen Lebensbereichen, z.B. gemeinsame sportliche Aktivitäten mit einem Geschäftspartner. Das umfassende Kennen lernen gilt zum Teil als Voraussetzung für Geschäftsbeziehungen.

- **Errungener Status/zugeschriebener Status:** Wodurch erhält man in einer Kultur gesellschaftlichen Status? Durch persönliche Leistung (z.B. berufliche oder sportliche Erfolge) oder durch gesellschaftliche Umstände (Geschlecht, Alter, Titel, soziale Schicht u.ä.).

Verhältnis zur Natur

Versucht man, Natur zu kontrollieren (Mensch als „Kontrahent“ der Natur: versucht, ihr ihre Geheimnisse abzuringen und mit Hilfe von Technologie zu „zähmen“) oder sich ihr anzupassen und mit ihr im Einklang zu leben?

Verhältnis zur Zeit

- **Vergangenheitsorientierung:** Man bemüht sich, die Vergangenheit zu bewahren und an neue Generationen weiterzugeben.
- **Zukunftsorientierung:** Die Vergangenheit ist weitgehend bedeutungslos. Wichtig ist die Realisierung zukünftiger Ziele.
- **Gegenwartsorientierung:** Vergangenheit und Zukunft haben keine große Bedeutung. Das Ausleben des gegenwärtigen Moments ist maßgeblich und wichtig. In diesen Kulturen hat Zeit insgesamt eine sehr untergeordnete Bedeutung gegenüber anderen Aspekten des Lebens.

3.3.4. Jacques Demorgon

Der französische Forscher Demorgon hat Kulturdimensionen entwickelt, die in eine differenziertere Kulturtheorie eingebettet sind. Demorgons Kulturdimensionen sind durch zwei entgegensetzte Extrempole gekennzeichnet: Nimmt man das Beispiel des Handlungsmodus her, so kann man nur entweder maximal schnell oder maximal informiert handeln. Beides zur gleichen Zeit ist nicht möglich. Zwischen diesen beiden Extrempolen lassen sich jedoch alle theoretisch denkbaren Handlungsmodi abbilden. Die Kulturdimensionen Demorgons bieten dem Praktiker ein Raster, das ihm hilft, über ihm fremd erscheinende Handlungsformen differenziert zu reflektieren und sie einzuordnen. Er wird so davor bewahrt, fremdländische Menschen als „kulturelle Maschine“ anzusehen, die sich nach bestimmten Kulturdimensionen verhalten.

Aus der langen Liste der Kulturdimensionen, die Demorgon definiert hat, werden nachfolgend die wichtigsten dargestellt:

- **Handlungsorganisation:** Simultanität (mehrere Aufgaben gleichzeitig) und Konsekutivität (Schritt für Schritt): ähnlich Halls monochroner und polychroner Zeitauffassung.
- **Aufmerksamkeit:** zentriert (wenige Dinge werden in den Blick genommen, allerdings sehr genau und intensiv) oder gestreut (nimmt sehr viele Aspekte einer Situation wahr, allerdings nicht sehr genau).
- **Kommunikationsmodus:** explizit (Kommunikation wird so eindeutig wie möglich gestaltet) oder implizit (vieles bleibt verbal unausgesprochen und wird aus dem Kontext erschlossen).
- **Kommunikationsinhalt:** objektives Sprechen (Sprecher abstrahiert sehr stark von sich selbst, trifft Aussagen über äußere Sachverhalte und versucht, diese möglichst korrekt darzustellen) oder subjektives Sprechen (versucht persönliche Sicht möglichst umfassend und anschaulich zu vermitteln)
- **Motivation:** Was motiviert zum Handeln? Aufgabenbezug: Die Sachverhalte selber motivieren. Personenbezug: Die Erfüllung der Aufgabe steht in Zusammenhang mit einer Person, z.B. jemandem einen Gefallen tun; eine Person hat die Autorität, die Erledigung anzuordnen.
- **Autorität:** Zusammenhang zwischen Handlungsmotivation und Autorität von Personen. Äußere Autorität: Aufgabenerledigung hängt davon ab, ob es Personen gibt, die kraft ihrer Position die Erfüllung bestimmter Aufgaben anordnen und kontrollieren. Internalisierte Au-

torität: Aufgaben werden auch dann ausgeführt, wenn keine äußerlich festgelegte Autoritätsperson die Erledigung überwacht.

- **Verantwortlichkeit:** Bestimmung (Verantwortung tragende Personen lassen sich nicht hineinreden, setzen ihre Meinung durch; Verantwortung liegt bei einer Person, die auch die Konsequenzen zu tragen hat) oder Mitbestimmung (verantwortliche Personen bemühen sich, die Meinungen anderer in die Entscheidung mit einfließen zu lassen; Verantwortung wird so auf viele Schultern verteilt).
- **Entscheidungen:** Dissens (opponierendes Entscheidungsverhalten als Reaktion auf hierarchisch starke Rolle einzelner Verantwortlicher; Formulierung von Gegenmeinungen und Gegenvorschlägen) oder Konsens (von vornherein werden nur realistische und potenziell konsensfähige Gedanken vorgebracht; Bemühen, verschiedene Ideen zu einem Mosaik zusammenzufügen; Kompromisslösung).
- **Einstellung zu Organisationen:** Aussagen über das Verhältnis des Individuums zur Organisation. Abwertung: Skepsis, Ablehnung, Widerstand gegenüber Organisationen. Aufwertung: Organisationen als etwas Positives, das dem Individuum Identifikation, Sinn und Geborgenheit geben kann.

3.4. Problematik der Forschungsergebnisse

Es wird immer wieder Kritik an den oben aufgeführten Kulturdimensionen laut. Die Relevanz der Forschungsergebnisse von Hofstede wird z.B. immer wieder angezweifelt, da er seine Befragung innerhalb eines Konzerns durchführte und die Kritiker anführen, dass die Landeskultur durch die Firmenkultur zu stark beeinflusst wird und daher die Ergebnisse verfälscht sind. Zudem wird in Frage gestellt, ob die Ergebnisse, die ja aus einer groß angelegten Befragung in den Jahren 1968 und 1972 stammen, heute überhaupt noch zutreffen bzw. in welchem Maße.

Meyer führte 1998 eine Neuauswertung der Forschungsergebnisse von Geert Hofstede zum Unterschied der Kulturen durch und kam zu dem Schluss, dass innerhalb eines Kulturkreises signifikante Unterschiede hinsichtlich der Gültigkeit zentraler Kulturwerte bestehen können. Ebenso zeigte das Werteprofil völlig unterschiedlicher Kulturen deutliche Ähnlichkeiten und Überlappungen.[34]

Aber es zeigen sich noch weitere Probleme, nämlich das der Eindimensionalität und das der Perspektive.

Problem der Eindimensionalität:

Unterschiedliche Machtdistanz kann sich beispielsweise in verschiedenen Bereichen äußern. Hierarchiesysteme sind unterschiedlich ausgeformt und sie können sich trotz unterschiedlicher Machtdistanz in gewissen Bereichen sehr ähnlich sein und in anderen wiederum stark unterscheiden, wie z.B. hohe Machtdistanz kombiniert mit großer Fürsorglichkeit für die Mitarbeiter. Die meisten Achsen innerhalb der Kulturdimensionen-Modelle sind nicht ein- sondern mehrdimensional, auch wenn z.B. die Indexwerte von Hofstede etwas anderes suggerieren.[35]

Problem der Perspektive:

Alle Kulturdimensionen-Modelle sind aus einer bestimmten kulturellen Perspektive heraus entstanden. Verhaltensweisen werden mit bestimmten Begriffen und Konzepten in Verbindung gebracht, die in einer Kultur relevant sind. Die Modelle dürfen also nicht als alleinige Wahrheit betrachtet werden. Sie dienen als vorläufige Strukturierung, die helfen soll, das Nachdenken über fremd erscheinende Formen des Handelns zu erleichtern. Beim näheren Kennen lernen einer Kultur sollte man aber auf jeden Fall offen sein für weitere Ausdifferenzierungen, ansonsten werden die Modelle schnell zu Klischees.[36]

---

[34] vgl. S. Kessen, 2004, S. 123; leider ist im Literaturverzeichnis von S. Kessen kein Hinweis auf Meyer zu finden; auch Nachfragen beim Verlag brachten kein Ergebnis.

[35] vgl. G. Layes, 2003, S. 71

[36] vgl. G. Layes, 2003, S. 71 f.

Fragen zur Analyse von kulturellem Verhalten:

Wie weiter oben bereits angesprochen, vereint jeder Mensch die verschiedensten Kulturen in sich und sein Verhalten ist auch immer situations- und kontextgebunden. Bei der Analyse und Bewertung kulturellen Verhaltens sind daher nach Demorgon die nachfolgenden „Filter" hilfreich:[37]

- Auf welcher **Ebene** werden Verhaltensweisen beobachtet: individuell, Kleingruppe, bestimmte gesellschaftliche Schicht, nationalkulturelle Ebene.
- In welchem **Lebensbereich** wird das Verhalten beobachtet: Arbeit, Privat, religiöses Umfeld. Bestimmte Verhaltensweisen sind an einen sozialen Kontext gebunden.
- In welchem **geschichtlichen Zusammenhang** steht das Verhalten: Verhaltensweisen können historische Momentaufnahmen sein, z.B. im Zusammenhang mit Krieg, wirtschaftlichem Kollaps.

Die hier angeführten Problematiken machen deutlich, dass die aus den verschiedenen Forschungen hervorgegangenen „Raster" zwar für eine erste Orientierung hilfreich sein können, aber jedes Verhalten eines Individuums einen äußerst komplexen Hintergrund aufweist. Gerade im Zusammentreffen zwischen Vertretern verschiedener Kulturen ist daher eine hohe Sensibilität und Reflexionsfähigkeit notwendig, um voreiligen Schlüssen und damit verbundenen falschen Reaktionen vorzubeugen.

---

[37] vgl. G. Layes, 2003, S. 70 f.

4. Einflussfaktoren in interkulturellen Konflikten

Im nachfolgenden Kapitel wird versucht, auf die wichtigsten Bereiche einzugehen, die menschliches Verhalten und Handeln beeinflussen und steuern. Diese Bereiche können einerseits sowohl die Ursache für Konflikte sein und andererseits auch den Konfliktverlauf beeinflussen.

4.1. Seelische Faktoren in Konflikten

Glasl beschreibt in seinem Buch die seelischen Faktoren in sozialen Konflikten, die unser Wahrnehmen, Denken und Handeln beeinflussen. Da diese im interkulturellen Konflikt durch die unterschiedliche kulturelle Disposition der Konfliktparteien m.E. eine umso größere Rolle spielen als in intrakulturellen Konflikten, soll hier, in Anlehnung an Glasl, auf diese seelischen Faktoren eingegangen werden.[38]

In Konfliktsituationen werden unsere **Wahrnehmungsfähigkeit** und unser **Denk- und Vorstellungsleben** so sehr beeinträchtigt, dass unsere Sicht auf uns und die gegnerische Partei geschmälert, verzerrt und völlig einseitig wird. Unser Blick wird verengt und die Wahrnehmung selektiv. Manche Dinge werden besonders scharf wahrgenommen (vor allem solche, die für uns eine Gefährdung oder Bedrohung darstellen) und andere Dinge völlig übersehen. Störende Eigenschaften und Verhaltensweisen des Gegenübers erkennen wir direkt, an uns selbst übersehen wir diese Dinge, bagatellisieren oder verdrängen sie. Die Wirklichkeit wird auf eine einfache und überschaubare Konstruktion unserer eigenen Wirklichkeit reduziert. Damit fühlen wir uns sicherer als mit der tatsächlichen komplexen und vielschichtigen Wirklichkeit.

Auch die Wahrnehmung von Konfliktstoff und Konfliktgeschehnissen wird einseitig und verzerrt. Wir registrieren nur unsere eigenen Konfliktpunkte, die Anliegen des Gegners werden ausgeblendet. Die Konfliktursache wird mehr und mehr beim Gegner gesehen.

---

[38] vgl. F. Glasl, 2004, S. 39 ff.

Die stärkste Verzerrung liegt in den Bildern, die wir von uns selbst und der Gegenpartei haben. Aufgrund der selektiven Aufmerksamkeit entsteht ein schwarz-weißes Extrembild: uns selber sehen wir in einem positiven Licht, dem Gegenüber werden negative Eigenschaften und moralische Mängel zugeschrieben. Aus diesen Wahrnehmungsverzerrungen entstehen Verallgemeinerungen, die sich als vorgefasste Meinungen und fixe Bilder in unserem Bewusstsein festsetzen. Wir nehmen nicht mehr das wahr, was geschieht, sondern was wir ohnehin zu wissen glauben. Im Grunde „kämpfen" nicht mehr die Konfliktparteien gegeneinander, sondern das Bild, das sich A von B gemacht hat, „kämpft" gegen das Bild, das sich B von A gemacht hat.

In der Konfliktbehandlung müssen daher die aufgetretenen Verzerrungen aufgezeigt und wenn möglich korrigiert werden. Es müssen aber auch die psycho-sozialen Mechanismen, die zur Wahrnehmungsverzerrung geführt haben, identifiziert werden. Gelingt dies nicht, werden diese Mechanismen zu weiteren Verzerrungen in den Wahrnehmungen, Gedanken und Vorstellungen führen.

Auch das **Gefühlsleben** wird in Konflikten stark beeinflusst. Wir sind empfindlicher und diese Empfindlichkeit schürt unser Misstrauen dem anderen gegenüber: Welche Absichten hat er, was führt er im Schilde, will er mir schaden? Wir sind hin- und hergerissen zwischen Verstehen und Ablehnung, Sympathie und Antipathie. Es entstehen starke Emotionen, die sich festsetzen und ein Eigenleben entwickeln und von denen wir uns später nur noch schwer lösen können. Die Parteien kapseln sich voneinander ab und scheinen dann nach außen hin nicht mehr so verwundbar. Die innere Empfindlichkeit steigt aber an. Wir sind nicht mehr in der Lage, uns in den anderen hineinzuversetzen. Die Gefühlswahrnehmung wird zur übersteigerten Selbstwahrnehmung und in fortgeschrittenen Konflikten tritt ein so genannter „sozialer Autismus" auf. Das bedeutet, dass – ähnlich wie bei einem Autisten – die seelische Stimmung durch Außenwahrnehmung nicht mehr korrigiert werden kann.

Ein Konflikt beeinträchtigt auch unser **Willensleben** sehr stark. Wenn wir auf Unverständnis, Ablehnung und Widerstand stoßen, kann sich eine „jetzt erst recht" Haltung entwickeln. Wir wollen unseren Willen um jeden Preis durchsetzen, unser Ziel um jeden Preis erreichen. Der Strudel, in den wir geraten sind, bringt uns dazu, Dinge zu empfinden oder zu tun, die mit unseren sonstigen Verhaltensweisen und moralischen Standards eigentlich nicht vereinbar sind. In der höchsten Eskalationsstufe (siehe auch Kapitel 7.1.) ist es uns nicht mehr wichtig, durch den Konflikt etwas zu gewinnen, wir wollen nur noch den anderen materiell, geistig, seelisch oder körperlich schädigen oder vernichten.

Die oben beschriebene Beeinflussung unseres seelischen Zustandes bewirkt, dass wir keinen Zugriff mehr auf unsere sonstige Vielfalt an Verhaltensweisen haben.

Im interkulturellen Konflikt bedeutet dies, dass wir kulturbedingte andere Verhaltensweisen noch weniger verstehen und einordnen können. Dies führt zu einer noch stärkeren ethnozentrischen Haltung, die mit einer negativen Beurteilung unbekannter oder ungewohnter Verhaltensweisen einhergeht.

4.2. Wahrnehmung

Die individuelle Kultur eines jeden Menschen prägt sein Denken und damit auch seine mentalen Modelle, d.h. Bilder und Annahmen, die er von sich selbst und seiner Umwelt im Kopf hat. Die mentalen Modelle eines Menschen bestimmen, was und wie er wahrnimmt. Sie sind ein wichtiges Werkzeug, um die komplexe Welt um uns herum zu vereinfachen, da die Komplexität ansonsten unsere Kapazitäten weit übersteigen würde. Zahlreiche mentale Modelle weisen einen hohen Grad an Automatismus auf, d.h. wir sind uns ihrer nicht bewusst und hinterfragen sie auch nicht. Sie bewirken, dass wir z.B. in Gesprächssituationen nur das hören, was wir hören wollen und den Rest ausblenden. Menschen neigen dazu, das Bild, das sie sich von der Welt gemacht haben, aufrechtzuerhalten. Es fällt ihnen schwer, Informationen wahrzunehmen, die mit ihren Vorstellungen nicht übereinstimmen. So manifestieren sich Überzeugungen und Annahmen, die dann fast zwangsläufig zu einer noch selektiveren Informationsauswahl führen.[39]

Auch das, woran sich Personen bei Beobachtungen orientieren, ist kulturell beeinflusst, wie das nachstehende Beispiel zeigt:

„In einem Experiment wurden vor den Versuchspersonen auf dem Tisch drei Spielzeugtiere aufgestellt (bspw. links eine Kuh, in der Mitte ein Schwein und rechts ein Pferd). Sie sollten sich die Anordnung der Tiere einprägen. Nach einer kleinen Pause wurden die Personen wieder an den Tisch geführt, nur diesmal auf der anderen Seite, so dass sie im Vergleich zu vorher um 180 Grad gedreht saßen. Nun sollten sie die drei Tierfiguren wieder vor sich aufstellen. Die meisten Europäer entwickeln ein Bezugssystem, welches vom Auge des Betrachters abgeleitet wird. Folglich stellten diese Personen wieder die Kuh links, das Schwein mittig und das Pferd rechts von sich betrachtet auf. Tatsächlich haben Kuh und Pferd jedoch ihren Platz im Raum im Vergleich zur Originalaufstellung verändert. Für die australischen Gungu Yimithirr existieren die Begriffe links und rechts gar nicht. Sie orientieren sich anhand feststehender geographischer Gegebenheiten. Bei ihnen würde analog die Kuh immer westlich vom Pferd stehen, unabhängig vom eigenen Standpunkt.“[40]

Wie man sieht, hat die kulturelle Prägung enormen Einfluss auf die mentalen Modelle und die Wahrnehmung der Menschen. Jeder sieht die Welt durch seine eigene Brille und kaum etwas kann so unterschiedlich sein, wie die jeweiligen Vorstellungen davon, was selbstverständlich oder „normal“ ist.[41]

Um einen Perspektivenwechsel vorzunehmen, die eigenen Annahmen zu überprüfen und Automatismen aufzudecken, ist es also wichtig, sich mit Sichtweisen, Denk- und Handlungsmustern anderer Kulturen auseinander zu setzen.

---

[39] vgl. C. Argyris, 1990, S. 87, zit. nach S. Kessen, 2004, S. 131

[40] A. Lessmöllmann, 2003, zit. nach S. Kessen, 2004, S. 122 f.

[41] vgl. S. Kessen, 2004, S. 123

4.3. Sprache

Eines der Schlüsselprobleme in der interkulturellen Kommunikation stellen Missverständnisse dar. Diese können verschiedene Ursachen haben, wie nachfolgend dargestellt wird.

In einer Kommunikationssituation können sprachliche Äußerungen von den Gesprächspartnern verstanden, nicht verstanden oder missverstanden werden. Nach Auffassung der soziolinguistischen Theorie sind im interkulturellen Austausch Fehlkommunikation und Missverständnisse häufig in der Verwendung unterschiedlicher kommunikativer Codes der beiden Gesprächspartner und deren unterschiedlicher Interpretation begründet.[42]

Gemäß Garfinkel sind die in der alltäglichen Verständigung verwendeten sprachlichen Äußerungen „indexial", d.h. sie sind nur Indikatoren für Bedeutungen. Um die richtige Bedeutung erschließen zu können, muss der Kommunikationspartner immer noch eine Interpretationsleistung erbringen. Missverständnisse entstehen daher umso leichter, je geringer der gemeinsame Erfahrungshintergrund oder der gemeinsame kulturelle Hintergrund der Gesprächspartner ist.[43]

Auch Hartung hat sich mit der sprachlichen Kommunikation auseinander gesetzt und beschreibt zwei Bedingungen, die vom Hörer erfüllt werden müssen, um den Gesprächspartner richtig zu verstehen:[44]

- *Dekodierung des verwendeten Sprachsystems des Sprechers:*

  Auf linguistischer Ebene beruhen Missverstehen und Nichtverstehen vor allem auf einem unterschiedlichen Zeichen- und Erkenntnisbestand der Gesprächspartner. Der Empfänger muss das vom Sprecher gebrauchte Sprachsystem kennen und aus einer Reihe sprachlicher Zeichen den gedanklichen Inhalt des Sprechers rekonstruieren. Missverständnisse können auftreten, wenn dem Hörer ein Wort unbekannt

---

[42] vgl. X. Jin, 1994, S. 30

[43] vgl. H. Garfinkel, 1973, S. 210 ff., zit. nach C. Mattl, 2006, S. 97

[44] vgl. W. Hartung et al., 1974, S. 411-417, zit. nach X. Jin, 1994, S. 30 ff.

ist oder z.B. aufgrund von Störgeräuschen nicht die ganze Mitteilung gehört wird.

Das Gelingen einer Kommunikation ist durch linguistische Unzulänglichkeiten allerdings meist nicht gefährdet, da durch Nachfragen und Richtigstellen das Missverständnis meist rasch geklärt werden kann. Es hat somit keine negative Auswirkung auf die interpersonelle Beziehung.

- *Übereinstimmung des aus den linguistischen Zeichen rekonstruierten Inhalts mit dem vom Sprecher „gemeinten" Sinn:*

  Missverständnisse entstehen nicht dadurch, dass man die Sprache nicht versteht, sondern dadurch, dass bestimmte Ausdrücke mit sozialen Werten verbunden sind, die eine unterschiedliche Interpretation erfordern – beispielsweise, wenn ein gut gemeinter Ratschlag als Kritik aufgefasst wird. Diese Missverständnisse sind schwieriger zu klären als solche linguistischer Art, da sie dem Empfänger oft nicht bewusst sind und er daher auch nicht nachfragt.

  In der Arbeit von Xiufang Jin ist ein sehr schönes Beispiel zu einem solchen Missverständnis zu finden: Ein chinesischer Student hat mit seinem deutschen Professor ein Treffen verabredet. Als der Professor kommt, ist der Student schon da und sagt „Herr Professor, ich bin schon seit 5 Minuten hier." Der deutsche Professor war von diesen Worten schockiert, denn er interpretierte es als Vorwurf für seine angebliche Verspätung. Nach chinesischer Konvention hingegen ist dies ein Ausdruck der Höflichkeit: Ein Gast darf den Gastgeber nicht warten lassen (Gleiches gilt für Jüngere – Ältere, Untergebene – Übergeordnete). Der Eingeladene kommt normalerweise immer ein bisschen früher als zur vereinbarten Zeit.[45]

Die sprachliche Verständigung ist eines unserer wichtigsten Kommunikationsmittel. Die Auswahl und Kategorisierung der Reize, die den Menschen tagtäglich überfluten, wird durch die sprachliche Benennung vorgenom-

---

[45] vgl. X. Jin, 1994, S. 34

men. Die Aufmerksamkeit liegt dabei auf gewissen Ausschnitten der Realität. In verschiedenen Kulturen werden Kategorisierungen unterschiedlich vorgenommen: die Hopi-Indianer kennen beispielsweise keinen eigenen Begriff für „Hund“, sondern verwenden einfach nur einen einzigen Begriff für gezähmte Tiere und Haustiere. Bekannt sind auch die unterschiedlichen Farbkategorisierungen: die Toba-Batak auf Sumatra unterscheiden nicht zwischen Schwarz und Blau, die Zuni-Indianer in Nordamerika fassen die Farben Orange und Gelb in nur einer Farbbezeichnung zusammen. Die Verfügbarkeit von sprachlicher Bezeichnung beeinflusst unsere Wahrnehmung im Alltag, vor allem die Wahrnehmung oder Nichtwahrnehmung von Unterschieden.[46] Das heißt also, ob wir etwas wahrnehmen oder nicht hängt unter anderem auch mit der erlernten Kategorisierung von Dingen zusammen.

Oguro beschreibt die Unterschiede zwischen deutscher und japanischer bzw. chinesischer Sprache und meint, dass die deutsche Sprache zur Vermeidung von Missverständnissen hoch entwickelt ist. Die japanische Sprache hingegen kann zwar die menschlichen Gedanken und Gefühle emotionell, bildhaft und symbolisch sehr gut zum Ausdruck bringen, aber sie verfügt nicht über die Schärfe und Exaktheit der deutschen Sprache, wenn es um abstrakte Begriffe geht. Wenn beispielsweise ein Chinese oder ein Japaner seine Ablehnung nicht mit einem direkten „Nein“, sondern eher ausweichend äußert, hat ein Deutscher Probleme damit, den richtigen Sinn zu verstehen.[47] Der Deutsche wertet die Ablehnung unter Umständen als Zustimmung.

Doch nicht nur die sprachliche Kategorisierung und Benennung der Umwelt kann zu einem Stolperstein werden und zu vielen Missverständnissen führen. Ist die Sprache für eine Partei die Muttersprache und für die andere Partei eine Fremdsprache, ergeben sich von vornherein asymmetrische Machtverhältnisse, da der Muttersprachler in Ausdruck und Argumentation Vorteile hat. Zudem wird auch eine fremde Sprache meist durch die „Bril-

---

[46] vgl. E. Reif, 2004, S. 34 f.

[47] vgl. T. Oguro, 1984, S. 48, zit. nach X. Jin, 1994, S. 182

le“ der Muttersprache gesprochen. Neben kulturellen Aspekten spielen also auch sprachliche Schwierigkeiten in interkulturellen Konflikten eine große Rolle.[48]

4.4. Kommunikationsstile

Ursachen für Missverständnisse können in Unterschieden im **verbalen** (sprachliche Formulierung, Sprachebene etc.), **non-verbalen** (Blickverhalten, Mimik, Gestik etc.) und **paraverbalen** (Lautstärke, Intonation, Geschwindigkeit) Bereich begründet sein.[49] So kann z.B. ein Nordeuropäer die größere Diskussionslautstärke eines Südeuropäers schnell als aggressives Verhalten empfinden. Das Niederschlagen der Augen und die Vermeidung des Blickkontaktes im Gespräch, wie es in weiten Teilen der Welt (speziell auch zwischen Frauen und Männern) üblich ist, wird in unserem Kulturkreis als Schüchternheit oder in manchen Fällen als Unehrlichkeit interpretiert, während es in anderen Kulturkreisen als Zeichen des Respekts gilt.

Auch unterschiedliche Kontaktfloskeln können befremdend wirken: Die chinesische Gruß-Konvention „Haben Sie schon gegessen?“ oder „Wohin gehen Sie?“ löst beim deutschen Gesprächspartner vermutlich einige Verwirrung aus.[50]

Andere kulturelle Konventionen führen unter Umständen zu mehr als nur Befremden: Wenn z.B. ein Südostasiate einem Europäer mit lächelndem Gesicht vom plötzlichen Tod seines Kindes erzählt. Die Form der Mitteilung wird bei einem Europäer vermutlich blankes Entsetzen auslösen und er wird den Asiaten für einen herzlosen, kalten und unmoralischen Menschen halten.[51] Dabei handelt der Asiate nur nach den von ihm erlernten Konventionen, nämlich Emotionen zu verbergen, um das Gesicht zu wahren (siehe dazu auch Kapitel 4.7.).

---

[48] vgl. E. Reif, 2004, S. 32 f.
[49] vgl. X. Jin, 1994, S. 33
[50] vgl. X. Jin, 1994, S. 35
[51] vgl. X. Jin, 1994, S. 39

Generell kann bei Kommunikationsstilen unterschieden werden zwischen:[52]

- high- und low-context Kulturen
- direkter und indirekter Kommunikation
- expressiver und instrumenteller Kommunikation
- formeller und informeller Kommunikation

Die bereits in Kapitel 3.3.2. kurz umrissene Unterscheidung in **high-context** und **low-context** Kommunikation ist in der interkulturellen Begegnung von großer Bedeutung. High-context Gesellschaften verpacken die Botschaft und betten sie in einen komplexen Kontext ein, was für low-context Gesellschaften oft schwer zu entschlüsseln ist. Auch das Schweigen kann in high-context Kulturen sehr bedeutsam sein, während es in low-context Kulturen oft eine unangenehme Wirkung hat.[53]

High-context Kommunikation bedeutet auch, dass immer erst ein großes Maß an Informationen über den Gesprächspartner eingeholt wird, bevor Entscheidungen gefällt oder Vereinbarungen getroffen werden. Eine zentrale Rolle spielen Aussagen gemeinsamer Freunde, Status oder auch frühere Begegnungen. Aber auch Stimmlage, Körpersprache, Gesichtsausdruck und Augenkontakt, also nonverbale Kommunikationssignale, sind wichtig.[54]

Personen aus einer **high-context** Kultur lösen Konflikte tendenziell beziehungsorientiert. Sprachliche Exkurse, Metaphern und persönliche Bezüge kennzeichnen den Konfliktlösungsprozeß.[55]

Personen aus einer **low-context** Kultur benötigen nur wenige kontextbezogene Informationen über persönliche Beziehungen bevor sie Vereinbarungen eingehen. Für sie ist es viel wichtiger, dass alle sachrelevanten Inhalte

---

[52] vgl. C.-H. Mayer, 2006, S. 176

[53] vgl. E. Reif, 2004, S. 35 f.

[54] vgl. E.T. Hall, 1990, S. 94 ff., zit. nach C.-H. Mayer, 2006, S. 176

[55] vgl. C.-H. Mayer, 2006, S. 176

berücksichtigt wurden. Im Konfliktlösungsprozess kommunizieren sie eher direkt und neigen dazu, Konflikte zu depersonalisieren.[56]

Oguro beschreibt den Unterschied zwischen high- und low-context Kommunikation sehr schön anhand eines eigenen Beispiels: *„Die Deutschen denken zu einseitig und zu schematisch. (...) Schlimmer ist ihre Geradlinigkeit. Sogar unter den Akademikern, unter den Professoren gibt es die, die nur geradlinig denken können. Wenn ich großes Glück hatte und meine Meinung bis zum Ende darlegen konnte, dann wird sich der deutsche Gesprächspartner versichern wollen, ob er verstanden hat, und sagen: ‚Also darf ich Sie so verstehen ...' Und dann fasst er zusammen. Aber es ist nur das Skelett. Ich fühle mich nicht ganz verstanden, ich bin sehr unzufrieden. Ich kann nicht widersprechen, er hat nichts falsch verstanden, aber dieses Gedankenskelett, was er da verstanden hat, das ist nicht ganz, was ich meine. Für mich ist das Skelett nicht der Gedanke; alles andere, was ich auch noch gesagt habe, gehört wesentlich dazu. Aber für den Deutschen reicht das Skelett. Alles andere stört ihn nur im Weiterdenken. Er braucht nur den Kern des Gedankens, nicht seine Hülle. Ich brauche den ganzen Gedanken, die ganze Frucht."*[57]

Parallel zu den oben beschriebenen Stilen verlaufen die **direkte** und **indirekte** Kommunikation. In Kulturen mit **direktem Kommunikationsstil** werden Konflikte gerne von Angesicht zu Angesicht geklärt und offene Kritik wird positiv bewertet, indirektes Kommunikationsverhalten gilt als problematisch.

Bei der **indirekten Kommunikation** hingegen werden Konflikte durch indirekte Hinweise oder das Hinzuziehen Dritter gelöst. Es wird danach gestrebt, Gesichtsverlust bei beiden Parteien zu vermeiden.[58]

Kulturen mit **expressivem Kommunikationsstil** drücken Emotionen häufig in Gestik und Körpersprache aus. Diese stehen bei Vertretern des **instrumentellen** Kommunikationsstils eher im Hintergrund und sind für sie

[56] vgl. C.-H. Mayer, 2006, S. 176
[57] T. Oguro, 1984, S. 43
[58] vgl. C.-H. Mayer, 2006, S. 176

oft nicht leicht verständlich.[59] Das heißt, der Ausdruck von Emotionen kann z.B. fälschlicherweise als Aggression, Respektlosigkeit o.ä. interpretiert werden.

Beim **formellen** Kommunikationsstil ist die Wahrung geschäftlicher und sozialer Etikette wichtig. Menschen in höherer Position haben Vorrang, was in der Kommunikation entsprechend gewürdigt werden muss.

Für Menschen mit **informellem** Kommunikationsstil ist der Fortschritt im Gespräch wichtiger als die Wahrung von traditionellen Strukturen oder Bräuchen. Sie legen keinen besonders großen Wert auf Formalismen, soziale Ränge oder Hierarchien.[60]

4.5. Individualismus und Kollektivismus

Diese erstmals von Hofstede eruierte Dimension wurde bereits in Kapitel 3.3.1. erwähnt. Sie zählt zu den am besten untersuchten und empirisch belegten Wertedimensionen und ist ein signifikantes Unterscheidungsmerkmal zwischen Kulturen.

In der **kulturvergleichenden Konfliktforschung** wird in den meisten Fällen anhand der Dimension Individualismus-Kollektivismus gearbeitet.[61] Es soll an dieser Stelle deshalb noch einmal detaillierter auf sie eingegangen werden.

Vertreter **individualistischer Kulturen** streben nach Selbstverwirklichung, Freiheit und Unabhängigkeit. Das „Ich" steht im Mittelpunkt. Das Individualismus-Konstrukt umfasst wesentliche Grundkonzepte der westlichen Psychologie: individuelle persönliche Identität, persönliche Verantwortung für das eigene Leben, selbständiges Entscheiden über verhaltensleitende Normen. Personen, die ihr Lebensglück von äußeren Umständen abhängig machen, die nicht nach unabhängiger persönlicher Identität und Selbstverwirklichung streben und nur nach moralischen Maßstäben der Gruppen-

---

[59] vgl. C.-H. Mayer, 2006, S. 177
[60] vgl. C.-H. Mayer, 2006, S. 177
[61] vgl. C. Mattl, 2004, S. 8

norm urteilen, werden psychopathologische Züge zugeschrieben. Nach westlichen Gesichtspunkten wird ein solches Verhalten als „anormal" empfunden.[62]

Vertreter **kollektivistischer Kulturen** hingegen streben danach, die Interessen und Ziele der Gruppe zu vertreten und Harmonie in der Gruppe zu wahren. Sie sind empfänglich für den Einfluss der Gruppe auf das eigene Leben, fühlen sich in das Leben anderer involviert, bedenken die Folgen eigener Entscheidungen und eigenen Handelns für andere, teilen materielle und nichtmaterielle Ressourcen (z.B. Zeit, Zuwendung etc.) mit der Gruppe, teilen persönliche Erfolge und Misserfolge mit der Gruppe, möchten Anerkennung für die eigene Gruppe erreichen und Schande für die Gruppe vermeiden.[63]

Die Wertorientierungen „Individualismus" und „Kollektivismus" durchdringen die Psyche und die Identität des Individuums und bestimmen seine Handlungsorientierung. Im Gegensatz zu individualistischen Kulturen neigen Menschen aus kollektivistischen Kulturen dazu, mehr in Abhängigkeit ihrer Umwelt zu agieren und sehen sich stärker in einen Kontext eingebettet als individualistische Kulturen. Sie glauben eher daran, dass sie von Glück, Schicksal, Zufall, Gott oder der Gesellschaft bestimmt sind, während Vertreter individualistischer Kulturen eher glauben, ihr Schicksal selber beeinflussen zu können.[64]

Verschiedene Studien, die zur Dimension „Individualismus – Kollektivismus" durchgeführt wurden, beschreiben diese zwei Arten von Selbstkonzepten sehr anschaulich:

- Im „Twenty Statements Test" von Cousins (1989) sollten amerikanische und japanische Probanden die Frage „Who am I?" beantworten. Es stellte sich heraus, dass Amerikaner sich eher mit generalisierten

[62] vgl. E. Reif, 2004, S. 42

[63] vgl. C.H. Hui/H.C. Triandis, 1986, zit. nach E. Reif, 2004, S. 42 f.

[64] vgl. E. Reif, 2004, S. 43 f.

Persönlichkeitsattributen beschrieben, während Japaner mehr auf den Kontext Bezug nahmen.[65]

- In einer Studie von Stipek et al. (1989) sollten Chinesen und Amerikaner Situationen beschreiben, in denen sie wütend wurden. Amerikaner beschrieben dabei Situationen, von denen sie persönlich betroffen waren, Chinesen hingegen solche, die Personen passiert waren, die sie kannten.[66]
- Kashima und Triandis (1986) untersuchten bei japanischen und amerikanischen Probanden, worauf sie Erfolg und Misserfolg zurückführen. Die Untersuchung ergab, dass Amerikaner Erfolge auf ihre Fähigkeiten und Misserfolge auf „wenig Glück" zurückführten. Japaner hingegen führten Erfolge auf „Glück" und Misserfolge auf mangelnde Fähigkeiten zurück.[67]

Einschränkend zu den angeführten kollektivistischen und individualistischen Verhaltensmustern muss gesagt werden, dass jeder – egal, in welcher Kultur er sozialisiert wurde – einmal mehr individualistische und einmal mehr kollektivistische Denk- und Verhaltensweisen aufweisen kann.[68] Die Dimension „Individualismus – Kollektivismus" muss mehr als Kontinuum gesehen werden, auf dem Menschen unterschiedliche Ausprägungen der Dimensionen aufweisen.

Stella Ting-Toomey stellt eine Verbindung zwischen Kollektivismus, indirektem Kommunikationsstil und Konfliktvermeidung her. Vertreter kollektivistischer Kulturen sind stärker auf die Erhaltung der Gruppenharmonie bedacht, stehen Konflikten negativer gegenüber, versuchen Konflikte eher zu vermeiden und verhalten sich dadurch in Konflikten auch entgegenkommender. Sie versuchen im Konfliktfall bevorzugt Vermittlungspersonen mit einzubeziehen, um die direkte Konfrontation zu vermeiden.[69]

---

[65] vgl. E. Reif, 2004, S. 43
[66] vgl. E. Reif, 2004, S. 43
[67] vgl. E. Reif, 2004, S. 44
[68] vgl. E. Reif, 2004, S. 45
[69] vgl. S. Ting-Toomey, 1988, zit. nach E. Reif, 2004, S. 47

E. Reif vertritt allerdings die Ansicht, dass dies nicht so sehr auf kollektivistische Orientierungen allgemein, sondern vielmehr speziell auf asiatische Länder zutrifft, die sich konfuzianischen Werten verpflichtet fühlen, welche besonders die harmonischen zwischenmenschlichen Beziehungen betonen. Sie gehen besonders höflich miteinander um und sind bemüht, andere nicht ihr Gesicht verlieren zu lassen. In Konflikten legen sie mehr Wert darauf, die Beziehung wiederherzustellen als auf der Sachebene zu einer Lösung zu kommen.[70]

In arabischen Kulturen, die ebenfalls kollektivistisch geprägt sind, steht nicht Konfliktvermeidung, sondern Konfliktvermittlung im Vordergrund. Sie hat eine sehr lange Tradition und soll „Blutrache" verhindern.[71] (Die eben angesprochenen Unterschiede zeigen das Problem der Eindimensionalität der Kulturdimensionen auf, das in Kapitel 3.4. dieser Arbeit behandelt wurde.)

In individualistischen Kulturen wird erwartet, sich Konflikten zu stellen, sie klar anzusprechen und seine Interessen bestimmt zu vertreten: diese Haltung wird als Zeichen psychischer Gesundheit interpretiert. Konfliktvermeidendes Verhalten wird abgelehnt und stark negativ bewertet.[72]

Ein Erklärungsansatz, der Parallelen zu den Dimensionen Individualismus/ Kollektivismus aufweist, ist das Konzept **der „unabhängigen versus interdependenten Konstruktion des Selbst"** von Markus/Kitayama.[73] Die in diesem Konzept erfassten kulturellen Unterschiede hinsichtlich der personalen Identitätskonstruktion haben Auswirkungen auf die Bedeutung der Wahrnehmung, der Emotionen und Motivationen von Mitgliedern verschiedener Kulturen.

Aus der Sicht des **unabhängigen Selbst** ist das Ich eine abgeschlossene Einheit, eine unabhängige Person, die von anderen Personen, auch nahestehenden, nur tangiert wird. Andere Menschen und soziale Situationen sind

[70] vgl. E. Reif, 2004, S. 47
[71] vgl. E. Reif, 2004, S. 48
[72] vgl. E. Reif, 2004, S. 48
[73] vgl. H.R. Markus/S. Kitayama, 1991, zit. nach C. Mattl, 2006, S. 79 ff.

insofern wichtig, als sie als Standards für Vergleiche und Bewertungen des eigenen Selbst dienen. Als Referenzpunkte dienen individuelle Wünsche, Präferenzen, Attribute oder Fähigkeiten.

Die **interdependente Selbstkonstruktion** geht von einer fundamentalen Verbindung zwischen den Menschen aus und bezieht die anderen also mit ein. Das eigene Selbst wird immer in soziale Beziehung zu anderen wichtigen Personen gesetzt. Das eigene Verhalten wird zu einem großen Teil bestimmt und organisiert durch die Gedanken, Gefühle und Handlungen der anderen. Innere Attribute werden eher als situationsspezifisch angesehen. Eigenen Meinungen, Fähigkeiten und Charakteristika wird in vielen Bereichen des sozialen Lebens oft nur eine sekundäre Rolle eingeräumt. Das Selbst wird der übergeordneten Aufgabe der Interdependenz untergeordnet und kann sich aufgrund der Natur einer sozialen Situation ändern.

Das bedeutet also, dass die personale Identität des interdependenten Selbst nicht von der sozialen Identität getrennt werden und sich auch je nach sozialer Situation verändern kann. Beim unabhängigen Selbst können die zwei Identitätsbereiche leichter getrennt werden. Man geht davon aus, dass das unabhängige Selbst in der Regel in westlichen, d.h. individualistischeren Kulturen vorkommt, während das interdependente Selbst in östlichen, d.h. kollektivistischeren Kulturen zu finden ist.

Der Ansatz von Markus/Kitayama ist für Konflikte besonders in Verbindung mit dem **Ingroup/Outgroup** Phänomen interessant (siehe auch Kapitel 5). Untersuchungen zu Konflikten und Verhandeln haben ergeben, dass Werte und Normen des Konzeptes des interdependenten Selbst (d.h. der kollektivistischeren Kulturen) nur in der Interaktion mit der eigenen Ingroup gelten. In der Interaktion mit der Outgroup, also mit individualistischer geprägten Verhandlungs- und Konfliktpartnern, können dieselben Personen durchaus „typisch" westliche bzw. individualistische Verhaltensmuster[74] (z.B. Wut) oder einen konfrontativen Konfliktstil[75] zeigen.

---

[74] vgl. R.T. Moran et al., 1994, S. 38, zit. nach C. Mattl, 2006, S. 81
[75] vgl. G.P.S. Khoo, 1994, zit. nach C. Mattl, 2006, S. 81

4.6. Werte

Werte sind Leitlinien in unserem Leben. Bei den meisten Menschen sind sie unbewusst und daher unreflektiert vorhanden. Dennoch spielen sie in Konflikten eine zentrale Rolle, da sie konfliktauslösend wirken bzw. den Verlauf des Konfliktes (mit-) bestimmen können. Auf den – vermeintlichen oder wirklichen – Angriff und die Verletzung eigener hoher Werte reagieren Menschen sehr empfindlich. Ebenso, wenn das Gegenüber eigene zentrale Wertansprüche nicht erfüllt und z.B. unehrlich oder unzuverlässig ist.

Werte bestimmen das Verhalten des Menschen und sind an tief verwurzelte kognitive Schemata gebunden. Sie dienen dem Menschen als Orientierung in den verschiedenen Lebenssituationen.[76]

Schwartz definiert Werte wie folgt:[77]

- Werte sind wünschenswerte, situationsübergreifende Ziele mit variierender Wichtigkeit.
- Sie sind Lebensprinzipien eines Individuums oder einer sozial definierten Einheit.
- Dabei stehen individuelle Werte immer im Zusammenhang mit der grundlegenden sozialen Einheit.
- Sie werden sowohl durch die Sozialisation der dominanten Gruppe als auch durch den einzigartigen Lernprozess eines Individuums gebildet.
- Sie können Handlung motivieren.
- Sie bieten die Standards der Urteilsbildung, der Rechtfertigungsargumentationen und der Bewertungskriterien.

Werte sind von Natur aus sinn- und zweckgebunden. Sie drücken bestimmte Interessen aus und sind an eine bestimmte Motivation, z.B. Sicherheit, gebunden. Ob Werte als positiv oder negativ empfunden werden und mit

---

[76] vgl. C.-H. Mayer, 2006, S. 164

[77] S.H. Schwartz, 1994, S. 21, zit. nach C.-H. Mayer, 2006, S. 167

welchen Gefühlen sie verknüpft werden, hängt in erster Linie von der kulturspezifischen Hierarchisierung ab.[78]

Stabilität und Wandel der Werte sind eng mit der Persönlichkeit des Menschen verbunden. Sie sind relativ stabil, können sich aber auch im Laufe der Zeit, abhängig von Lebensphasen oder Veränderungen des persönlichen Umfeldes, verändern. Werte können aber auch je nach Situation, Kontext und persönlicher Motivation an Wichtigkeit gewinnen oder verlieren. Im interkulturellen Kontext sind mit bestimmten Wertekonzepten auch kulturelle Zuschreibungen, Stereotypen oder Vorurteile geknüpft[79] (z.B. oberflächlich, hinterlistig, geizig, unnahbar, lebenslustig, tänzerisch begabt etc.).

4.7. Emotionen

In der Interaktion mit anderen Menschen sind Gedanken sowie verbale und nonverbale Ausdrücke und Handlungen immer von Emotionen begleitet. Besonders in Konfliktsituationen spielen Gefühle eine große Rolle[80] und haben entscheidenden Einfluss auf die Konfliktdynamik und den Konfliktverlauf (siehe auch Kapitel 4.1.).

Ein nicht zu unterschätzender Aspekt in interkulturellen Konfliktsituationen ist daher auch der Umgang mit Gefühlen bzw. das Zur-Schau-Stellen von Gefühlen. In manchen Kulturen ist das offene Zeigen von Gefühlen nicht unbedingt erwünscht. Liegen die diesbezüglichen Normen beim Gesprächspartner anders, so kann dies sehr rasch zu Urteilen führen, wie: eiskalt, berechnend, berührt ihn überhaupt nicht; oder andersherum: unbeherrscht, verliert sein Gesicht, nimmt mir das Gesicht etc.

Den Umgang mit Gefühlen hat auch Fons Trompenaars in seiner Untersuchung berücksichtigt und eine Einteilung der Kulturen in neutrale (emotional zurückhaltend) und affektive Kulturen (starker emotionaler Ausdruck) vorgenommen (siehe auch Kapitel 3.3.3.)

---

[78] vgl. C.-H. Mayer, 2006, S. 167

[79] vgl. C.-H. Mayer, 2006, S. 168 f.

[80] vgl. C.-H. Mayer, 2006, S. 153

Benjamin Bailey führte zwischen Juli 1994 und April 1995 eine Studie in 25 koreanischen Geschäften in Los Angeles durch. Dabei wurden Interaktionen zwischen den koreanisch-stämmigen Verkäufern bzw. Shopinhabern und den afro-amerikanischen Kunden gefilmt und ausgewertet. Der Grund für diese Studie waren die anhaltenden Probleme zwischen koreanisch-stämmigen Ladenbesitzern und Afro-Amerikanern, die in Los Angeles immer wieder für Unruhe und Streitigkeiten sorgten. Die Studie ergab, dass die Probleme und Missverständnisse sowohl in den sozialen Schichtunterschieden wie auch auf der Kommunikationsebene und der Ebene des emotionalen Ausdrucks begründet waren: die afro-amerikanischen Kunden fühlten sich zuwenig beachtet und beschwerten sich, dass die Verkäufer sie scheinbar ignorierten. Die Koreaner wiederum beschwerten sich über die joviale Art der Afro-Amerikaner.

Ein 23-jähriger koreanisch-stämmiger Amerikaner erklärte seine Verhaltensweise in einem Interview wie folgt: „If you express yourself you're too light. If you laugh or smile you don't have enough in your head. You're supposed to be stoic and expressionless which means you're thinking a lot. By saying "hi" you're putting yourself down to a lower level."[81]

Kochmann kommt in seinen ethnographischen Studien zu dem Schluss, dass Afro-Amerikaner Konflikt und Emotionen nicht trennen. Sie wundern sich vielmehr darüber, dass weiße US-amerikanische Manager ihre Emotionen vor der Tür zum Sitzungssaal „abgeben": „Their emotions can be left in front of the meeting-room door."[82]

Auf diese Abspaltung der Emotionen bezieht sich auch die Kritik am bekannten Harvard-Modell.[83] Das Verhandlungsmodell dient auch als Konfliktlösungsmodell und sieht Emotionen als etwas, das „überwunden werden muss", um zur rationalen Schicht zu gelangen und somit Problemlösung zu ermöglichen. Es fordert dazu auf, die Person von der Sache zu trennen, was auch als Aufforderung, die Person und die Emotionen zu tren-

---

[81] Bailey, B., 2000, S. 93
[82] T. Kochmann, 1981, zit. nach C. Mattl, 2006, S. 83
[83] vgl. R. Fisher et al., 2006

nen, gesehen werden kann. Dies spiegelt aber die Sicht der typischen weißen amerikanischen Mittelklasse wider.[84] Afro-Amerikaner sind der Ansicht, dass weiße Amerikaner ihre Rationalität vielfach aus der „Nicht-Emotionalität" konstruieren: „So practically speaking, people now consider themselves and others ‚rational' to the extent that they are *not* emotional."[85]

Im Hinblick auf die emotionale Intensität kann zwischen Stärke und Dauer der Emotionen unterschieden werden. Im Zusammenhang mit Konflikt gibt es in der kulturvergleichenden oder der interkulturellen Forschung hierzu jedoch kaum empirische Ergebnisse. Es gibt jedoch Hinweise, die darauf hindeuten, dass Amerikaner Emotionen intensiver verspüren als Japaner und auch, dass in China extreme Emotionen unerwünscht sind. Matsumoto kommt zu dem Ergebnis, dass Japaner der Ingroup gegenüber ihre positiven Emotionen betonen und verstärken, wohingegen sie der Outgroup gegenüber häufiger negative Emotionen, vor allem Zorn, zeigen.[86]

Untersuchungen haben ergeben, dass in manchen Kulturen Emotionen einen stärkeren Einfluss auf das Verhalten haben als in anderen. Gemäß Potter sind beispielsweise Emotionen irrelevant, um soziales Verhalten in China zu erklären.[87] Dies könnte damit zusammenhängen, dass in kollektivistischeren Kulturen individuelle Emotionen keinen so herausragenden Stellenwert haben.

Das **Konzept der objektiven oder kollektiven Emotionen** besagt, dass ein Individuum jene Emotionen ausdrückt, die innerhalb der Gruppe passend sind. Das kann aber heißen, dass innerlich andere Emotionen erlebt werden und sich das Individuum nur im Ausdruck der Ingroup anpasst.[88] Kollektivistischere Kulturen setzen positive emotionale Ausdrucksformen, wie Lächeln, häufig als öffentliche Handlung zur Wahrung der zwischenmenschlichen Harmonie. Es ist allerdings kein Ausdruck eines persönli-

---

[84] vgl. K. Avruch et al. 1991, zit. nach C. Mattl, 2006, S. 83

[85] vgl. T. Kochmann, 1996, S. 294, zit. nach C. Mattl, 2006, S. 83

[86] D. Matsumoto, 1996, zit. in R. Kumar, 2001, S. 20, zit. nach C. Mattl, 2006, S. 87

[87] vgl. Potter, 1988, zit. in R. Kumar, 2001, zit. nach C. Mattl, 2006, S. 88

[88] vgl. R. Kumar, 2001, S. 21, zit. nach C. Mattl, 2006, S. 88

chen Glücksgefühls.[89] Der Unterschied, den kollektivistische Kulturen im Umgang mit Ingroup und Outgroup machen, wird auch hier betont.[90]

In der Wissenschaft stehen sich in Bezug auf Gefühle zwei unterschiedliche Konzepte gegenüber:[91]

- Biologen behaupten, dass Gefühle universelle Emotionen seien, die in allen Kulturen in ähnlicher Weise vorzufinden sind;
- Vertreter der emotionspsychologischen, konstruktivistischen Richtung sind der Meinung, dass Gefühle ein soziokulturelles und kulturspezifisches Konstrukt sind.

Der konstruktivistische Ansatz besagt, dass Gefühle eine starke Korrelation zu kulturellen Werten und sozialen Beziehungen aufweisen und als kulturell konstruierte kognitive Konstrukte zu verstehen sind. Ein Gefühl wird durch eine Situation einerseits ausgelöst, andererseits auch entwickelt. Das bedeutet, dass dieselben Emotionsbegriffe in unterschiedlichen kulturellen Settings tief greifend verschiedenartige Empfindungen, Bedeutungen, Inhalte und Dynamiken beinhalten.[92]

In diesem Zusammenhang stellt sich auch die Frage, inwiefern Gefühle, die sich in Mimik und Gestik eines Menschen ausdrücken, universell entschlüsselt werden können.[93] Nach der Meinung mancher Forscher gibt es den universalen Gesichtsausdruck von Emotionen. Dieser werde jedoch gefiltert oder verändert, wenn die Umstände oder Regeln dies verlangen.[94]

Auch in der Verbalisierung der Gefühle gibt es Unterschiede: Wie schwer oder leicht es einer Person in einer Konfliktsituation fällt, Gefühle verbal

---

[89] vgl. H.R. Markus/S. Kitayama, 1991, S. 236, zit. nach C. Mattl, 2006, S. 88
[90] vgl. C. Mattl, 2006, S. 88
[91] vgl. C.-H. Mayer, 2006, S. 153
[92] vgl. C.-H. Mayer, 2006, S. 155
[93] vgl. C.-H. Mayer, 2006, S. 153
[94] vgl. J.M. George et al., 1998, S. 757, zit. nach C. Mattl, 2006, S. 88

auszudrücken und auf welche Weise sie es macht, ist sowohl vom Individuum wie auch von der kulturellen Sozialisation abhängig.[95]

Eine interessante Untersuchung zum kulturspezifischen Emotionsvokabular existiert von Röttger-Rössler, der Emotionsbegriffe und -konzepte in ausgewählten indonesischen Kulturen erforschte. So wird z.B. der Begriff von Trauer und Leid in der makassarischen Umgangssprache sehr differenziert dargestellt. Es wird unterschieden zwischen dem Auslöser des Gefühls, den mitschwingenden Gefühlen, der Intensität und den körperlichen Konsequenzen. Dasselbe gilt für Emotionen wie Scham, Ekel, Ehre, Glück, Liebe, Zorn, Wut usw. Die feinsten Differenzierungen weist dabei mit ca. 55 unterschiedlichen Begriffen das Emotionsvokabular zu Wut und Zorn auf. Die Wahl des Begriffes hängt von verschiedenen Umständen ab, wie soziale Position, Geschlecht, Alter, Position (z.B. Kind/Elternteil) usw. Auch der Grund der Wut und seine soziale Berechtigung in Verbindung mit Wertvorstellungen spielen eine Rolle. Eine wichtige Stellung nimmt auch die Ausdrucksform der Wut ein: Körpersprache und verbalem Ausdruck von Wut kommen hier zentrale Bedeutung zu.[96]

4.8. Macht und Hierarchie

Mayer beschreibt in ihrer Arbeit die Herausforderungen von unterschiedlichen kulturell bedingten Vorstellungen von Macht und Hierarchie in der interkulturellen Begegnung bzw. im interkulturellen Konflikt, die nachfolgend aufgegriffen werden.[97]

In westlichen Kulturen herrscht in Bezug auf Macht und Hierarchie die abendländisch und christlich geprägte Vorstellung von der Gleichberechtigung jedes Menschen vor. Menschen aus anderen Kulturen hingegen können andere Einstellungen zum Umgang mit Macht, Gleichheit und Ungleichheit haben und dies anders handhaben. Machtungleichgewichte entstehen, wenn eine Partei als „stärker“ oder „mächtiger“ definiert wird. Dies

---

[95] vgl. C-H. Mayer, 2006, S. 156

[96] vgl. B. Röttger-Rössler, 2004, zit. nach C.-H. Mayer, 2006, S. 158 f.

[97] vgl. C.-H. Mayer, 2006, S. 140 f.

kann z.B. in Konflikten Arbeitgeber - Arbeitnehmer, Eltern - Kinder, gebildete - weniger gebildete Person der Fall sein.

Weitere Faktoren, die im interkulturellen Konflikt zu Machtungleichgewicht führen können, sind:

- Genderzugehörigkeit
- Position in der sozialen Hierarchie durch berufliche Stellung, Alter, Geschlecht etc.
- Angehörigkeit zu einer Mehrheits- oder Minderheitskultur
- Sprachfertigkeiten, Sprachbarrieren
- Spiritualität und Zugang zum spirituellen Raum

Zur Lösung von Konflikten mit anderskulturellen Personen ist es notwendig, sich zu folgenden Punkten Gedanken zu machen bzw. Informationen einzuholen:

- Welche kulturspezifischen Machtungleichheiten gibt es und wie wird damit umgegangen?
- Welche Herausforderungen und Erwartungen gehen damit einher?
- Wie ist der Umgang mit Macht in der betreffenden kulturellen Gruppe und wie stellt er sich im vorliegenden interkulturellen Kontext dar?
- Wie kann die Machtungleichheit im interkulturellen Rahmen ausgeglichen werden, ohne dass die Rollendefinition der Personen verloren geht?

Die Genderzugehörigkeit spielt im Zusammenhang mit Macht im interkulturellen Kontext eine besondere Rolle. Kulturen haben unterschiedliche Auffassungen von den Rollen, Rechten und Pflichten, welche den Geschlechtern zugeschrieben werden. Während in westlichen Kulturen tendenziell die Gleichberechtigung von Mann und Frau angestrebt wird, werden in anderen Kulturen Männer und Frauen spezifischen Bereichen zugeteilt. Gleichberechtigung wird dort eher rollenspezifisch gesehen: Männer und Frauen haben ihren jeweiligen Bereich, in dem sie dann volle Entscheidungsgewalt haben. Diese Rollenverteilung kann für die Beteiligten als durchaus angemessen und zufrieden stellend angesehen werden.

Auch die Position in der sozialen Hierarchie spielt im interkulturellen Konflikt oft eine große Rolle. Vorgesetzte haben mehr Macht als untergeordnete Mitarbeiter, Eltern mehr als Kinder usw. In vielen Kulturen haben auch ältere Menschen besonders viel Macht oder Menschen mit heilenden Kräften. Zudem kann für die Macht auch ausschlaggebend sein, welchem Clan oder welcher ethnischen Gruppe man angehört. In diesem Zusammenhang ist es wichtig sich zu fragen:

- Wer ist mächtig?
- Wie drückt sich Macht aus?
- Wie zeigt sich Macht in Konflikten und wie wird damit umgegangen?

Weiß stellt dar, wie Machtasymmetrien im kulturellen Kontext strategisch benutzt werden: Vertreter der dominanten Gruppe stellen den Konflikt oft als interpersonalen dar, der keine kulturellen Elemente beinhaltet. Für sie ist das einfach, da sie in der Regel mit den dominanten Normen übereinstimmen. Die Vertreter der dominierten Gruppe hingegen müssen sich auf die kollektive Identitätszuschreibung beziehen („du verhältst dich so, weil du Österreicher bist...), wenn sie ihre schwächere Position im Dominanzverhältnis thematisieren wollen. Damit sind sie aber wieder diejenigen, die die Ebene wechseln und den Konflikt „ethnisieren", was eskalierend wirken kann.[98]

„Die strukturell Schwächeren sind also doppelt benachteiligt. Sie können angegriffen werden, weil sie den gängigen Normen nicht entsprechen, und wenn sie diesen Sachverhalt verdeutlichen wollen, verstoßen sie wiederum gegen die üblichen Formen der Konfliktaustragung."[99]

---

[98] vgl. A. Weiß, 2001, S. 18, zit. nach C. Mattl, 2006, S. 66
[99] A. Weiß, 2001, S. 18, zit. nach C. Mattl, 2006, S. 66

4.9. Zeit

„Time talks. It speaks more plainly than words."[100] Obwohl Zeit und Zeiteinteilung für Menschen ein universelles Anliegen sind, so sind doch das Zeitkonzept und die Zeitwahrnehmung in den verschiedenen Kulturen unterschiedlich. Die Regeln, die den Umgang mit Zeit lenken, sind untrennbar mit kulturellen Werten verknüpft. Bereits als Kinder erlernen wir ganz automatisch die Sprache der Zeit. Es sind gesellschaftliche Regeln, in denen es um warten und sich beeilen, um früh und spät und um Gegenwart und Zukunft geht.[101]

Robert Levine beschreibt seine Erfahrungen, die er als Gastprofessor in Brasilien hinsichtlich des Umgangs mit Zeit gemacht hatte, wie folgt:

„Als ich ankam, war ich sehr gespannt darauf, welche Eigenschaften dieser fremden Umgebung mir die größte Anpassungsleistung abverlangen würden. (...) Von meinen bisherigen Reiseerlebnissen ausgehend, war ich auf Schwierigkeiten mit der Sprache, mit der Wahrung meiner Privatsphäre und mit dem Sauberkeitsstandard gefasst. Aber all das war, wie sich bald zeigte, ein Kinderspiel im Vergleich zu den Qualen, die mir die Vorstellungen der Brasilianer von Zeit und Pünktlichkeit verursachten."[102]

Hall (siehe auch Kapitel 3.3.2.) unterteilt in eindimensionales (monochrones) und mehrdimensionales (polychrones) Zeitverständnis. Menschen mit monochronem Zeitverständnis erledigen häufig eine Aufgabe nach der anderen. Sie orientieren sich an einem genau festgelegten Ablaufplan. Menschen aus einer Kultur mit polychronem Zeitverständnis ziehen es vor, mehrere Aufgaben und Probleme gleichzeitig zu behandeln. Soziale Beziehungen gehen der Einhaltung zeitlicher Abfolgen vor. Der zeitliche Rahmen wird eher flexibel gehandhabt. Zeit steht im Zusammenhang mit per-

---

[100] E.T. Hall, 1990, S. 1

[101] vgl. R. Levine, 1998, S. 20 f.

[102] R. Levine, 1998, S. 16

sönlichen Beziehungen, Pünktlichkeit ist nicht so wichtig und die Dinge beginnen, wenn alle bereit sind.[103]

Hall beschreibt in seinem Buch eine Erfahrung, die er bei den Pueblo-Indianern im Südwesten der Vereinigten Staaten gemacht hat. Er war zu einem Weihnachtstanz eingeladen und es war ihm aber unmöglich, in Erfahrung zu bringen, um welche Uhrzeit genau denn der Tanz beginnen würde. Die Vorbereitungsarbeiten begannen und lange Zeit geschah nichts bis dann, ganz ohne Vorwarnung, plötzlich die Trommler und die Sänger mit ihrer Vorstellung begannen. Es begann einfach zu dem Zeitpunkt als alle bereit waren. Im Vorjahr war dies um 22 Uhr geschehen, in dem Jahr, als Hall dort war, war es 2 Uhr früh.[104]

Auch Weggel beschäftigte sich mit der Bedeutung von Zeit für die verschiedenen Kulturen und beschreibt das unterschiedliche Verhalten von Deutschen und Chinesen wie folgt: „Der Deutsche neigt dazu, sein Pensum in sukzessive Abschnitte aufzuteilen und es Schritt für Schritt zu erledigen, er geht hierbei, wie man sagt, ‚in seiner Arbeit auf' und fühlt sich durch Besucher aller Art schnell gestört. Chinesen hingegen haben selten etwas gegen Unterbrechungen ihrer Arbeit einzuwenden. Für sie ist Kommunikation und Guanxi (Beziehungs-)-pflege wichtiger als die Erledigung dieser oder jener Teilarbeit."[105]

Dieses Verhalten ist aber eigentlich in einer noch tieferen Ausprägung der sozialen Verhaltensnorm von Chinesen verwurzelt, denn würde man sich weigern, einen Besucher zu empfangen, so wäre das eine tiefe Verletzung und ein Skandal. Der Besucher würde sein Gesicht verlieren und das moralische Verhalten des Besuchten wäre in Frage gestellt.[106]

Subkulturen, die sich in ihrem Zeitverständnis von der Hauptkultur unterscheiden, legen oft großen Wert darauf, sich in ihrem Zeitverhalten und ihren Zeitnormen von der Mehrheit abzugrenzen. Indianer in Nordamerika

---

[103] vgl. C.-H. Mayer, 2006, S. 174 f.

[104] vgl. E.T. Hall, 1990, S. 9 f.

[105] O. Weggel, 1987, S. 51, zit. nach X. Jin, 1994, S. 191

[106] vgl. X. Jin, 1994, S. 191

sprechen z.B. vom „Leben nach indianischer Zeit“, mexikanische Amerikaner sprechen von der „hora inglesa“ (tatsächliche Uhrzeit) und von der „hora mexicana“, die nicht so eng an die Uhrzeit geknüpft ist. Afro-Amerikaner unterscheiden zwischen „coloured people’s time“ und „white people’s time“.[107]

Kulturen unterscheiden sich bezüglich Zeitbegriff auch dahingehend voneinander, dass sie sich stärker an der Vergangenheit (Vorfahrenkult in China), der Gegenwart (Lateinamerika, Mittelmeerraum) oder der Zukunft (Westeuropa, USA) orientieren. Dies beeinflusst auch den Umgang mit Zeit und wie Kulturen hier ihre Schwerpunkte setzen. Auch der Grad der Technisierung und der Industrialisierung spielt eine wesentliche Rolle: Je stärker der Grad der Industrialisierung desto rationaler, bewusster und sparsamer gehen die Menschen mit Zeit um. Industrialisierte – meist westliche – Länder zeigen eine stärkere Zukunftsorientierung. Diese schlägt sich in intensiverer Planung, Vorbereitung und Organisation nieder. Ein steigender Technisierungs- und Industrialisierungsgrad, der beispielsweise mit Entwicklungshilfeprojekten einhergeht, verlangt daher oft auch eine grundlegende Veränderung der Zeitkonzepte einer Kultur.[108]

Robert Levine konnte in seinen Untersuchungen zum Lebenstakt in 31 verschiedenen Ländern folgende Einflussfaktoren für das Lebenstempo eruieren:[109]

- **Wohlstand:** Je leistungsstärker die Wirtschaft eines Ortes, desto höher ist das Tempo. Mit zunehmendem Reichtum eines Landes wird auch Zeit immer wertvoller: Pünktlichkeit, Schnelligkeit usw. werden zu zentralen Werten. Die schnellsten Menschen befinden sich demnach in den reichen nordamerikanischen, nordeuropäischen und asiatischen Staaten, die langsamsten in den Ländern der Dritten Welt, vor allem in Süd- und Mittelamerika und im Nahen Osten.

---

[107] vgl. R. Levine, 1998, S. 39 f.
[108] vgl. T. Baumer, 2002, S. 26
[109] vgl. R. Levine, 1998, S. 38 ff.

- **Grad der Industrialisierung:** Je entwickelter ein Land ist, desto weniger freie Zeit bleibt pro Tag. Aus historischer Sicht ist die Industrielle Revolution das einschneidendste Ereignis hinsichtlich der Temposteigerung der westlichen Welt. Jeder technische Fortschritt steigert auch die Erwartungen an die Zeiteffizienz.
- **Einwohnerzahl:** Menschen in größeren Städten legen ein schnelleres Tempo an den Tag. Sie nehmen sich weniger Zeit für soziale Interaktionen als Menschen in kleinen Städten.
- **Klima:** Heißere Orte haben ein langsameres Tempo. Dafür gibt es verschiedene Erklärungen: Hitze ist ein Energieräuber; Menschen in warmen Ländern benötigen weniger zum Leben (Kleidung, Energie etc.) und müssen sich daher nicht so anstrengen, um ihren Lebensunterhalt zu verdienen; höhere Temperaturen steigern die Lebensfreude: man konzentriert sich also mehr auf die schönen Dinge des Lebens.
- **Kulturelle Werte:** In individualistischen Kulturen bewegt man sich schneller als in kollektivistischen. Individualistische Kulturen legen mehr Wert auf Leistung als auf Zusammengehörigkeit mit der Ingroup. Dies führt wiederum zu einer „Zeit ist Geld"-Einstellung und somit zum Zwang, jeden Augenblick zu nutzen. In kollektivistischen Kulturen wird mehr Zeit in die Beziehungspflege investiert. Das Konzept der „Zeitverschwendung" existiert in manchen Kulturen nicht.
- **Individuelles Zeitgefühl jeder Person:** Jeder Mensch hat auch noch sein ganz eigenes Zeitverständnis und seine eigene „innere Uhr".

4.10. Raum

Die Dimension „Raum" wurde bereits von Hall als relevante kulturelle Dimension definiert (siehe Kapitel 3.3.2.). Raum kann in privaten und öffentlichen Raum unterteilt werden. Dies erfolgt je nach Kultur unterschiedlich. Es gibt verschiedene Bedürfnisse der Menschen in Bezug auf

- den persönlichen Raumbedarf
- die bevorzugte Körperdistanz
- die räumliche Positionierung in Gruppen
- den physikalischen Raum, der als privat und öffentlich gilt
- die Verhaltensregeln, die im privaten und öffentlichen Raum anerkannt sind.[110]

Die kulturelle Raumorientierung zeigt sich zum Beispiel bei der Sitzordnung, der körperlichen Distanz und auch in der Auswahl der Themen, die als privat oder öffentlich angesehen werden.[111]

Das Zuhause kann z.B. als sehr privater oder als halböffentlicher Raum angesehen werden, Fragen nach dem Gehalt oder nach der Familie können als legitim gelten oder als Eindringen in die Privatsphäre empfunden werden.

Der „Privat"-Begriff im europäischen Sinne ist beispielsweise den Chinesen fremd. Unter Chinesen ist es üblich, den Gesprächspartner nach dem Alter, der familiären Situation, der Höhe des Gehalts, der Miete usw. zu fragen.[112]

Je nachdem, wie unterschiedlich der Bereich des privaten und öffentlichen Raums ist, kann dies sehr schnell zu Missverständnissen oder gar Konflikten führen, wenn eine Partei den Eindruck hat, ihr „Privatraum" – im weitesten Sinne - werde ständig verletzt.

Auch die räumliche Distanz spielt eine große Rolle in der interkulturellen Kommunikation. So wahren Menschen in Lateinamerika, den Mittelmeerländern und einigen arabischen Ländern beispielsweise einen geringeren Gesprächsabstand als Menschen in Westeuropa, Nordamerika oder Australien. In asiatischen Ländern, England und Nordeuropa ist der Abstand hingegen größer. Westeuropäer oder Nordamerikaner fühlen sich in Brasilien oft regelrecht bedrängt, wenn sich der Brasilianer erst richtig wohlzufühlen

---

[110] vgl. C.-H. Mayer/C. Boness, 2004, S. 81, zit. nach C.-H. Mayer, 2006, S. 175

[111] vgl. C.-H. Mayer, 2006, S. 175

[112] vgl. X. Jin, 1994, S. 180

beginnt. In Indien wiederum hängt die persönliche Distanz stark von der Kaste ab, in einigen Ländern des fernen Ostens (Burma, Pakistan, Vietnam, Nepal, Thailand, Malaysia, China, Japan) variiert die Distanz je nach sozialer Stellung der Person: je größer der soziale Unterschied, desto größer ist auch die eingehaltene Distanz.[113]

Auch das, was vom Raum wahrgenommen wird, kann kulturell sehr verschieden sein: in westlichen Kulturen werden Objekte wahrgenommen, nicht aber der Raum dazwischen. Japaner hingegen nehmen Zwischenräume wahr und bezeichnen sie als „ma" (dazwischen liegendes Intervall).[114] Dies ist eine für westliche Kulturen völlig fremde Sichtweise der uns umgebenden Welt.

---

[113] vgl. T. Baumer, 2002, S. 27 f.

[114] vgl. T. Baumer, 2002, S. 27

5. Die Rolle von Kultur und Identität in Konflikten

5.1. Besonderheiten des interkulturellen Konflikts

Wie bereits weiter oben beschrieben, sind Auffassungen der Wirklichkeit und somit auch Konflikte individuell, gesellschaftlich und kulturell geprägt. Entsteht also ein Konflikt zwischen zwei Parteien aus unterschiedlichen Kulturkreisen, kommt der kulturellen Ebene eine besondere Bedeutung zu, da Wahrnehmung, Kommunikation und Konfliktverhalten stark kulturell geprägt sind.

Im Grunde ist der Konflikt an sich ist bereits eine kulturelle Konstruktion, denn er hat in verschiedenen Kulturen unterschiedliche Bedeutungen.[115] Ein Konflikt kann als Bedrohung, als Gesichtsverlust oder als Chance zur Veränderung gesehen werden.

In der interkulturellen Begegnung kann die Erkenntnis vielschichtiger Realitätswahrnehmungen internalisierte Wertorientierungen und die eigene Identität leicht in Frage stellen und Widerstände im Umgang mit Konflikten wachrufen. Wertorientierungen sind somit Konfliktauslöser ersten Ranges. Bedürfniskonflikte, Weltanschauungs- und Glaubenskonflikte sowie Identitätskonflikte auf individueller und kollektiver Ebene treten parallel dazu hervor. Konflikte entstehen im Kontext von individueller und sozialer Interaktion, wobei mindestens ein Konfliktpartner Unvereinbarkeiten im Denken, Vorstellen, Wahrnehmen, Fühlen oder Wollen erfährt.[116]

Es fällt auf, dass in der westlichen Literatur sehr oft Beispiele aus Japan oder China zitiert werden, da der Unterschied hinsichtlich Einstellung zu und Umgang mit Konflikten im Vergleich zu den USA oder Europa besonders groß zu sein scheint. Die Gefahr dabei ist, dass dadurch der Fokus auf Differenzen gelegt und die Sicht auf Gemeinsamkeiten versperrt wird. Zudem besteht die Erwartungshaltung, dass der Umgang mit uns „näherstehenden" Kulturen einfacher wäre. Durch die Beschäftigung mit Kulturen,

---

[115] vgl. Gelfand et al., 2001, S. 1059, zit. nach C. Mattl, 2004, S. 7
[116] vgl. C.-H. Mayer, 2006, S. 27

die spektakulär anders sind und wo man „gar nichts mehr“ versteht, werden die kleinen, feinen Unterschiede negiert, die dann in der tatsächlichen Interaktion aber sehr wohl zu Konflikten führen können.[117]

Lederach beschäftigte sich mit den Wurzeln eines Konfliktes und identifizierte dabei die Bereiche Wahrnehmung, Interpretation, Intention und Ausdruck.[118]

Diese vier Bereiche sind durch die Kultur geprägt und kulturbedingt in einem Individuum verankert. Konfliktsituationen im interkulturellen Kontext werden dadurch sehr komplex, denn die subjektiven, individuellen Wahrnehmungen und Interpretationen, Zielvorstellungen und Handlungen sind netzartig mit den kollektiven, kulturgebundenen Wirklichkeiten verknüpft und konstruieren sich gegenseitig.[119]

Während also in monokulturellen Konflikten von einer ähnlichen kulturellen Prägung der Wahrnehmung, Interpretation und Handlungsvorstellungen ausgegangen werden kann und nur die individuellen Prädispositionen sich unterscheiden, ist im interkulturellen Kontext die kulturelle Prägung ein wesentlicher Einflussfaktor und führt damit zu einer sehr hohen Komplexität.

Kultur kann im Zusammenhang mit Konflikten verschiedene Rollen einnehmen:[120]

- *Kultur als Ursache des Konflikts:* kulturelle Unterschiede, die sich z.B. in Verhalten zeigen, können zu Missverständnissen führen.
- *Kulturelle Unterschiede bezüglich Konfliktgegenstand und -ziel:* Der Konfliktgegenstand ist das Thema, worum es geht. Das Konfliktziel sagt aus, was die Konfliktparteien in dem Konflikt erreichen wollen. Unterschiede können auftreten hinsichtlich der Sache, der Bezie-

---

117 vgl. C. Mattl, 2006, S. 54

118 vgl. J.P. Lederach, 1996, zit. nach C.-H. Mayer, 2006, S. 27

119 vgl. J.P. Lederach, 1996, zit. nach C.-H. Mayer, 2006, S. 27

120 vgl. C. Mattl, 2004, S. 10 f.

hung, des Umgangs mit Konflikten und der Prozesse des Gesichtwahrens und -würdigens (face work).

Es kann davon ausgegangen werden, dass in jedem interpersonalen Konflikt die Beziehung eine Rolle spielt und daher mitverhandelt werden muss. In einem interkulturellen interpersonalen Konflikt muss jedoch die Kultur nicht zwingend eine Rolle spielen.

- *Konflikte der kulturellen Identität:* Wenn im Konflikt die Kultur zum Unterscheidungsmerkmal zwischen Ingroup und Outgroup wird, kann dies dazu führen, dass aufgrund von Stereotypen und Vorurteilen gehandelt wird mit dem Ziel, den Selbstwert der eigenen Gruppe zu steigern.
- *Kulturelle Unterschiede in der Wahrnehmung und Bewertung von Konflikten und Konfliktprozessen:* Die Einstellung zu Konflikten ist oft unterschiedlich: Sie können als normaler Teil der sozialen Interaktion betrachtet werden oder als bedrohlich und zerstörerisch angesehen werden. Diese Sichtweise wirkt sich auch auf die Konfliktbewältigungsmechanismen aus: aktive Auseinandersetzung oder Vermeidung. Auch die Wahrnehmung der Erscheinungsformen des Konfliktes bzw. Konfliktprozesses kann kulturell beeinflusst sein: die Interaktion kann als normales Gespräch, als hitzige Diskussion oder als Konflikt wahrgenommen, der Prozess als destruktiv oder konstruktiv empfunden werden.
- *Kulturelle Präferenzen für bestimmte Verhaltensweisen im Umgang mit Konflikten:* In verschiedenen Kulturen werden unterschiedliche Konfliktlösungsstrategien und Konfliktstile bevorzugt, wobei große Unterschiede bei den Konfliktparteien eine für beide Seiten zufrieden stellende Konfliktlösung erschweren.

Kultur ist aber nicht der einzige und in vielen Fällen auch nicht der wichtigste Einflussfaktor in Konfliktsituationen. Weitere wichtige Faktoren, die in Konflikten zum Tragen kommen, sind die personale Disposition sowie situative und strukturelle Einflussfaktoren.[121]

Werden in einem Konflikt kulturelle Differenzen als Ursache genannt, besteht die Gefahr, dass der Fokus völlig auf diese Dimension gelenkt und der „cultural gap" dadurch zementiert wird. Es kann im schlimmsten Falle zu einer Ethnisierung eines Konfliktes führen, der eigentlich ganz andere Ursachen oder Auslöser hatte. Andere Dimensionen, wie Geschlecht, Rollen, Klassen, Generationsunterschiede etc. können in einem Konflikt eine ebenso wichtige Rolle spielen und werden dann aber nicht mehr wahrgenommen.[122]

Was die Konfliktforschung allgemein anbelangt, führt Mattl einen zentralen Aspekt an, der hier nicht unerwähnt bleiben soll:

„Konflikte sind zwar nicht ‚culture-free', die KonfliktforscherInnen hingegen ‚culture-blind'. Wenn mit einem euro-amerikanischen Konfliktbegriff und -verständnis unter Anwendung von Messinstrumenten, die in diesem kulturellen Kontext entwickelt wurden, in anderen kulturellen Systemen geforscht wird, so muss die Vorgangsweise als kulturgebunden bezeichnet werden. Es wird jedoch der Anschein erweckt, das interessierende Phänomen könnte auf ‚kulturlose' (‚culture-free') Art und Weise erforscht werden. Wird jedoch die Kultur in der Theoriebildung schlichtweg ausgeklammert, erreicht man dadurch keinen ‚culture-free' (kulturlosen) Zustand, sondern fördert die eigene kulturelle Blindheit."[123]

5.2. Kultur als Ursache des Konflikts

Kognitive und affektive Prozesse von Individuen werden beeinflusst durch kulturelle Unterschiede bei Werten und Basisannahmen, Normen und Regeln und durch die Form der Wissensstrukturierungsprozesse. Wahrnehmung und Interpretation, Einstellungen und Erwartungen, Emotionen und emotionaler Ausdruck, kognitive und affektive Bewertungen, kausale

[121] vgl. C. Mattl, 2004, S. 11
[122] vgl. C. Peyron, 2004, S. 149
[123] C. Mattl, 2006, S. 53

Attributionen sowie die Produktion von Information sind kulturell beeinflusst und steuern das Verhalten. Kulturelle Unterschiede werden durch die Art der verbalen, paraverbalen und nonverbalen Kommunikation, durch den Umgang mit Zeit und Raum usw. beobachtbar. All diese Faktoren können zu interkulturellen Missverständnissen führen und somit zu Konfliktauslösern werden. Oft herrscht ein Mangel an Wissen und Fertigkeiten, um diese Unterschiede erfolgreich zu überwinden bzw. produktiv zu nutzen. Dies führt zu Unsicherheit, Angst und inneren Spannungen. Auch die enttäuschte Erwartungshaltung in Bezug auf das Verhalten des Gegenübers kann zu Frustration und somit wiederum zu Konflikten führen, wenn es die Parteien nicht schaffen, die Situation zu klären.[124]

Auch die Wahrnehmung des Konfliktes per se kann in der interkulturellen Begegnung sehr unterschiedlich sein: Ein Konflikt kann beispielsweise als angestrebte Veränderung innerhalb eines Systems gesehen werden oder auch als Bedrohung für das ganze System.[125]

Ebenso kann die grundlegende Einstellung zu Konflikten sehr gegensätzlich sein: Die einen betrachten Konflikte als „normal" und als Teil von Veränderungsprozessen, die anderen empfinden Konflikte als bedrohlich und versuchen sie möglichst zu vermeiden.[126]

5.3. Attributionstheorien und kulturelle Ursachenzuschreibung

Die naive Verhaltenstheorie von Heider[127] stellt den historischen Ursprung aller Attributionstheorien dar. Diese Theorie unterstellt den Menschen das Bedürfnis, Umweltereignisse erklären und kontrollieren zu wollen, indem sie diese auf dispositionelle Eigenschaften von Personen oder Situationen zurückführen. Der Mensch nimmt Ereignisse wahr, selektiert und interpretiert sie und schreibt ihnen Ursachen zu.[128]

---

[124] vgl. C. Mattl, 2004, S. 12 f.

[125] vgl. C. Mattl, 2006, S. 60

[126] vgl. C. Mattl, 2006, S. 61

[127] vgl. F. Heider, 1977, zit. nach C. Mattl, 2006, S. 66

[128] vgl. C. Mattl, 2006, S. 66

Viele Untersuchungen zur Ursachenzuschreibung haben allerdings ergeben, dass Beobachter der Situation zu wenig und der Person zuviel Gewicht beimessen.[129] Dieser Effekt nennt sich **„fundamentaler Attributionsfehler“**. Eine Erklärung dafür ist, dass das Verhalten einer Person gewöhnlich auffallender ist als die sie umgebende Situation. Zudem werden situationale Ursachen schneller vergessen als dispositionale.[130]

Eine andere Erklärung für den fundamentalen Attributionsfehler ist kultureller Natur. In einer Untersuchung wurde festgestellt, dass sich beispielsweise US-Amerikaner mehr auf dispositionale Faktoren beziehen, während bei Personen indisch-hinduistischen Ursprungs eine stärkere Gewichtung auf kontextuelle Faktoren gemessen wurde. Andere Untersuchungen haben ergeben, dass Kinder in westlichen Kulturen im Laufe ihrer Entwicklung eine zunehmend dispositionale Sichtweise von Verhaltensursachen annehmen.[131]

In interkulturellen Situationen neigen Menschen oft dazu, Konflikte den kulturellen Unterschieden zuzuschreiben. Es wird eine **Ingroup/ Outgroup-Grenze** gezogen. Als anschauliches Beispiel kann hier die Studie von Lindsley/Braithwaite dienen, die sie in mexikanischen „maquiladoras“ – Off-shore Fabriken entlang der mexikanischen/US-amerikanischen Grenze – durchführten:[132] Inadäquate Kommunikation von Seiten der US-Amerikaner wurde von den Mexikanern auf deren kulturelle Zugehörigkeit zurückgeführt, während unangebrachtes Verhalten der Mexikaner mit Unerfahrenheit oder Inkompetenz erklärt wurde.

Durch diese Ingroup-Outgroup-Fokussierung werden Stereotypen der Eigen- und der Fremdgruppe bewahrt und geschützt. Wenn es in der interkulturellen Begegnung zu negativen Resultaten kommt, führen die Mitglieder der Ingroup dies oft auf eine negative Persönlichkeitsdisposition der Outgroup zurück. Positives Verhalten der Ingroup-Mitglieder wird deren

---

[129] vgl. M. Hewstone/F. Fincham, 1996, S. 190 ff., zit. nach C. Mattl, 2006, S. 68

[130] vgl. C. Mattl, 2006, S. 68 f.

[131] vgl. Miller, 1984, zit. in M. Hewstone/F. Fincham, 1996, S. 191, zit. nach C. Mattl, 2006, S. 69

[132] vgl. S.L. Lindsley/C.A. Braithwaite, 1996, zit. nach C. Mattl, 2004, S. 13

positiver Persönlichkeitsstruktur zugeschrieben. Positives Verhalten der Outgroup-Mitglieder wird mit der Situation erklärt und umgekehrt.

Dadurch werden die bereits existierenden negativen Stereotypen der Outgroup bestätigt bzw. verstärkt. Meist endet hier dann die Suche der Parteien nach Erklärungen und die Polarisierung wird somit weiterhin verstärkt.[133]

Auch ob eine Situation überhaupt als Konflikt erlebt wird oder nicht, hängt davon ab, ob die Interaktion mit einer Person der Ingroup oder der Outgroup stattfindet. In einer Studie mit Hongkong-Chinesen wurde das Konfliktverhalten gegenüber US-Amerikanern, Chinesen aus der Volksrepublik China und eigenen Landsleuten, also Hongkong-Chinesen, untersucht. Die Befragten schätzten eine vorgelegte Situation am ehesten als Konflikt ein, wenn der Interaktionspartner ein Chinese aus der Volksrepublik China war und am wenigsten, wenn er ein Hongkong-Chinese war.[134]

Die Attributionsverzerrung kann aber auch durch einen **Mehrheiten-/ Minderheitenstatus** entstehen. Ein akzeptierter Minderheitenstatus einer Gruppe kann zu ungünstigen Attributionen für die eigene Gruppe führen und ein verweigerter Minderheitenstatus zu negativen Attributionen für die fremde Gruppe.[135]

Ein schönes Beispiel dafür liefert die Untersuchung von Islam und Hewstone zu den Attributionen zwischen Mitgliedern von Mehrheiten- und Minderheitengruppen, die in Bangladesch durchgeführt wurde. Die Probanden attribuierten angenommenes positives und negatives Verhalten von Eigen- und Fremdgruppenmitgliedern. Die moslemische Mehrheitsgruppe bevorzugte ihre eigene Gruppe und wertete die Minderheitengruppe der Hindus ab. Die Gruppe der Hindus hingegen zeigte nur eine leichte Form der Bevorzugung der Eigengruppe.[136]

---

[133] vgl. P.B. Smith/M.H. Bond 1993, S. 179, zit. nach C. Mattl, 2004, S. 14.

[134] vgl. D.K.-F.Chan/S.G. Goto, 2003, zit. nach C. Mattl, 2006, S. 71

[135] vgl. C. Mattl, 2006, S. 71

[136] vgl. Islam/Hewstone, 1993, zit. in M. Hewstone/F. Fincham, 1996, S. 196, zit. nach C. Mattl, 2006, S. 71

5.4. Soziale Kategorisierung

Eine weitere, in interkulturellen Situationen relevante Konfliktdynamik kann basierend auf der „**Social Identity Theory**" von Tajfel definiert werden. Die „Social Identity Theory" besagt, dass ein Individuum seine Umwelt in unterscheidbare soziale Kategorien unterteilt. Es differenziert zwischen der Gruppe, der es selbst angehört und jener, der es nicht angehört. Das Streben jedes Individuums nach positiver sozialer Identität bewirkt, dass zwischen den Gruppen Vergleichs- und Unterscheidungsprozesse stattfinden. Das Ziel ist die Unterscheidung von den anderen sowie das Erreichen von Überlegenheit auf relevanten Vergleichsebenen. Dieser soziale Wettbewerb dient dem Erwerb positiver sozialer Identität und Anerkennung auf Kosten der Outgroup. Es werden Stereotypen gebildet, die dazu dienen, bestimmte Verhaltensweisen gegenüber der eigenen bzw. der fremden Gruppe zu rechtfertigen. Die Forschungsergebnisse von Tajfel sind für interkulturelle Überschneidungssituationen insofern besonders relevant, als sich die Angehörigen eines Kulturkreises spontan als Gruppe definieren bzw. von der anderen Kultur als solche wahrgenommen werden (Abgrenzungsprozess). Sie werden von der anderen Gruppe als ähnlicher wahrgenommen und beurteilt, als sie es wirklich sind. Daraus ergibt sich ein potenziell höheres Konfliktpotenzial als in monokulturellen Kontexten.

Probleme können sich auch dann ergeben, wenn Minoritäten in ihrer kulturellen Orientierung nicht wahrgenommen und als Angehörige der dominanten Kultur kategorisiert werden (Inkorporierungsprozess). Die kulturelle Komponente wird in diesem Fall nicht entsprechend berücksichtigt, was wiederum zu einem erhöhten Konfliktpotenzial führt.

Bei beiden Verhaltensstrategien nehmen die Mitglieder einer Gruppe weder sich selbst noch die andere Gruppe in ihrer Individualität wahr und eine differenzierte Auseinandersetzung ist somit nicht möglich. Dies birgt insofern wiederum zusätzliche Gefahren, als ein Individuum neben dem Bedürfnis nach sozialer Identität auch ein Bedürfnis nach persönlicher Identität hat. Ein Individuum identifiziert sich nicht nur über die Gruppe, sondern will sich auch als Person positiv abgrenzen. Das bedeutet, dass nicht nur Gruppen, sondern auch Individuen mit anderen Selbstkonzepten negativ wahrgenommen werden, woraus wiederum Konflikte erwachsen bzw. bestehende Konflikte verstärkt werden können. Denn sowohl Individuen wie auch Gruppen sind bestrebt, ihr Selbstkonzept anderen gegenüber zu verteidigen, sie vertreten ihre Standpunkte und wollen Recht haben. Wie Kappe kritisch bemerkt, wäre hier aber noch die Frage zu klären, ob die eben erwähnten individuellen Abgrenzungsprozesse nur auf individuell orientierte Kulturen zutreffen oder ob sie auch auf kollektiv orientierte Kulturen anzuwenden sind.[137]

5.5. Vorurteile und Stereotypen

In Interaktionssituationen bemühen sich Individuen – teils bewusst, teils unbewusst – die Situation kognitiv zu erfassen, zu strukturieren und einzuordnen. Die Komplexität der Situation wird dadurch reduziert und es entstehen vereinfachte Urteile über Menschen, Objekte, Beziehungs- und Bedeutungszusammenhänge – also Vorurteile, welche den komplexen Gegebenheiten speziell einer interkulturellen Überschneidungssituation in keiner Weise gerecht werden können. Verschiedene Forschungen zu diesem Thema widerlegen zudem die Annahme, dass durch die Kontakte von Individuen bzw. Gruppen diese Vorurteile praktisch von selbst abgebaut werden (Kontakthypothese). Gerade durch das In-Kontakt-Treten können Vorurteile verstärkt bzw. verfestigt werden. Dies ist zurückzuführen auf das Grundmuster sozialen Verhaltens zwischen Gruppen, nämlich sozialer Wettbewerb um positive soziale Identität. Das bedeutet, dass Gruppen miteinander konkurrieren, um soziale Anerkennung zu erreichen. Dies äußert sich durch diskriminierendes Verhalten und Vorurteilen gegenüber der Outgroup (siehe auch „Social Identity Theory“ von Tajfel weiter oben).[138] Gemäß Tajfel/Turner stellen Vorurteilsbildung, Stereotypisierung und Diskriminierung sowohl Basis wie auch Produkt intergruppaler Vergleiche dar.[139]

---

[137] vgl. H. Tajfel, 1982, zit. nach D. Kappe, 1996, S. 30 ff.
[138] vgl. D. Kappe, 1996, S. 14 f.
[139] vgl. H. Tajfel/J.C. Turner, 1979 und 1986, zit. nach C. Mattl, 2004, S. 15

Vorurteile können abgebaut werden, indem durch Reflexionsprozesse unklare Bedeutungen bewusst gemacht werden und auf diese Weise eine differenzierte Kenntnis über Ähnlichkeiten bzw. Unterschiede von Personen und Sachverhalten entwickelt wird. Wichtige Fähigkeiten in diesem Zusammenhang sind:

- die Grenzen des eigenen Verstehenshorizontes bewusst wahrnehmen und auch mitteilen können;
- das eigene Werte- und Normengefüge sowie die eigenen Verhaltensstrategien hinterfragen können.[140]

Verschiedene Autoren im interkulturellen Bereich haben die Begriffe „Stereotyp“ und „Vorurteil“ in ihren Arbeiten definiert und abzugrenzen versucht. Nachfolgend werden einige dieser Definitionen dargestellt.

Laut Mattl sind Stereotypen Überzeugungen über die Attribute einer Outgroup während Vorurteile negative Einstellungen gegenüber der Outgroup darstellen. Mitglieder der eigenen Gruppe werden als voneinander verschiedener wahrgenommen und auch besser beurteilt als Mitglieder der fremden Gruppe, die als homogener empfunden wird.[141]

Menschen vermischen außerdem tatsächliche und vermeintliche Unterschiede zwischen Ingroup und Outgroup in Form von Stereotypen und Vorurteilen. Dieser Prozess kann unbewusst ablaufen oder auch strategisch eingesetzt werden, indem man den Konflikt „kulturalisiert“. Dieses Vergrößern und Sichtbarmachen von Unterschieden kann den konfliktauslösenden Effekt erhöhen, denn je größer der Unterschied, desto größer auch die Spannung und somit die Wahrscheinlichkeit eines Konfliktes. Es kann auch angenommen werden, dass Vorurteile und Stereotypen eine negativ verstärkende Rolle bei den kognitiven und affektiven Prozessen im Konfliktverlauf spielen.[142]

---

[140] vgl. D. Kappe, 1996, S. 15 f.

[141] vgl. C. Mattl, 2004. S. 15

[142] vgl. C. Mattl, 2004, S. 15

Mayer definiert Vorurteile und Stereotypen folgendermaßen:[143]

Vorurteile können definiert werden als soziale Urteile, die gegen kulturell und gesellschaftlich anerkannte Wertvorstellungen verstoßen. Es handelt sich um vorschnelles Urteilen und das Festhalten an diesen Urteilen, ohne den Sachverhalt genau zu kennen. Vorurteile lassen sich durch Gegenargumentation nur selten entschärfen. Sie können auch durch die Verallgemeinerung einer singulären Erfahrung entstehen. Vorurteile gelten als sozialisationsbedingt erworben und daher als unvermeidbar. Vorurteile gegenüber der eigenen Gruppe sind häufig positiv, gegenüber anderen Gruppen häufig negativ.

Stereotypen sind das Ergebnis sozialer Kategorisierung und ebenso unvermeidbar wie Vorurteile. Stereotypenbildung entsteht aus der Notwendigkeit des Menschen, sein soziales Umfeld in Kategorien einzuordnen und zu systematisieren. Es sind Generalisierungen mit der Funktion, Informationen zu vereinfachen und zu reduzieren. Im Zusammentreffen mit einer anderen Kultur werden durch die Stereotypen Erwartungshaltungen aktiviert, wie sich der anderskulturelle Partner verhalten wird. Dadurch wird die Wahrnehmung beeinflusst, denn man sieht hauptsächlich das, was man als Stereotype bereits abgespeichert hat. Durch diese selektive Wahrnehmung wird die Stereotype zu einer selbst erfüllenden Prophezeiung.

Auch Reif äußert sich in ähnlicher Weise zu Vorurteilen:[144]

Um Komplexität zu reduzieren, greifen Menschen im Alltag auf Wissen und emotionale Einstellungen zurück, die sie von Medien, ihren Freunden oder ihrer Familie übernommen haben, ohne sie selbst zu überprüfen. Manche Vorurteile verändern sich und werden korrigiert, wenn man selbst andere Erfahrungen macht, andere wiederum sind gegenüber korrigierenden Erfahrungen resistent. Wir nehmen dann nur das wahr, was dem Vorurteil entspricht und blenden das andere aus. Oft haben Vorurteile psychische Funktionen: um das eigene Selbstbewusstsein zu stärken oder die eigene Identität durch Abgrenzung von den anderen zu bilden, werten wir die an-

---

143 vgl. C.-H. Mayer, 2006, S. 149 f.

144 vgl. E. Reif, 2004, S. 39

dere Gruppe ab. Diese Vorurteile können dann auch nicht durch sachliche Informationen entschärft werden. Meist lässt sich am Ausmaß der emotionalen Betroffenheit einer Person erkennen, ob Vorurteile diese Funktion haben oder nicht.

5.6. Identitätsaushandlungsperspektive

Die Identitätsaushandlungsperspektive geht von der Annahme aus, dass Individuen aller Kulturen und ethnischen Gruppen das Bedürfnis nach Sicherheit, Vertrauen, Zugehörigkeit und Stabilität haben, und zwar sowohl hinsichtlich des persönlichen wie des gruppenbezogenen Teils ihrer Identität. Die Bildung von Identität und Gruppenzugehörigkeit ist eng verbunden mit kommunikativen Prozessen. Individuen aller Kulturen wollen kompetente Gesprächspartner sein. Durch wiederholte Übung lernen sie innerhalb ihrer eigenen Kultur kompetent zu kommunizieren und auf die richtige Art und Weise mit anderen Menschen umzugehen.[145]

Auch die Identitätsaushandlung in der interkulturellen Situation ist ein kommunikativer Prozess: Die kommunizierenden Personen versuchen, ihre eigenen Identitäten zu bestärken und gleichzeitig die Identität des Interaktionspartners zu definieren, zu bestätigen, zu modifizieren, herauszufordern oder zu unterstützen.[146] Verbale und nonverbale Zeichen, Interaktionsstile und die Identitäten der Kommunikationspartner sind Teil des „identity meaning negotiation process“.[147]

In der Interaktionssituation zeigen die Kommunikationspartner gegenseitig an, wie sie wahrgenommen und behandelt werden wollen („symbolische Interaktionsidentität“).[148]

Die Perspektive der Identitätsaushandlung betont die Verbindung zwischen den kulturellen Werten und der Konzeption des eigenen Selbst, d.h. der eigenen Identität. Es wird angenommen, dass Identität sozial ausgehandelt

---

[145] vgl. C. Mattl, 2006, S. 76 ff.

[146] vgl. C. Mattl, 2006, S. 76

[147] vgl. S. Ting-Toomey, 1999, S. 20, zit. nach C. Mattl, 2006, S. 76

[148] vgl. S. Ting-Toomey, 1999, S. 39, zit. nach C. Mattl, 2006, S. 78

wird. Dabei wird von einem **Modell der acht Identitäten** ausgegangen, die als sich gegenseitig beeinflussend gesehen werden. Die acht Identitäten werden zwei Überkategorien zugeordnet, nämlich der primären Identität und der situativen Identität. Das Modell umfasst zwar sicher nicht alle Facetten von Identität, aber es macht deutlich, dass Identität nicht ein untrennbares Ganzes ist und es ergibt sich die Frage, inwieweit es in einem interkulturellen Konflikt möglich ist, Defizite in einem Identitätsbereich durch die Stärkung eines anderen auszugleichen.[149]

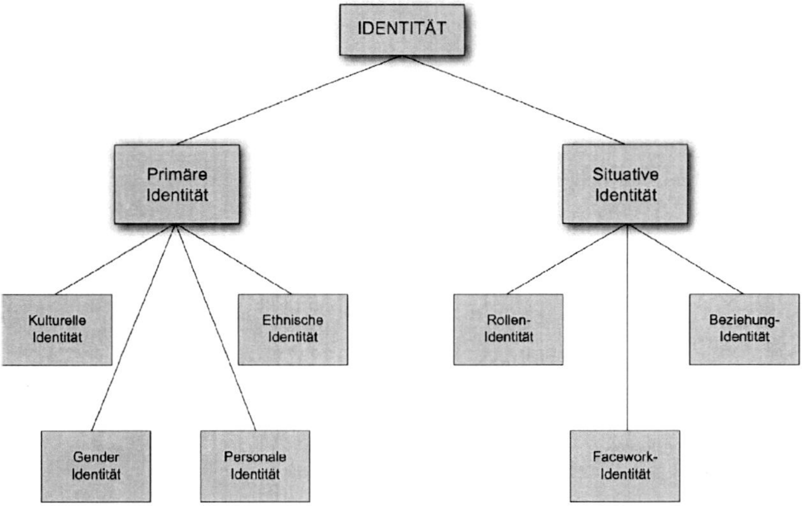

Quelle: eigene Darstellung

[149] vgl. C. Mattl, 2006, S. 76 ff.

Primäre Identität:

- *Kulturelle Identität:* bezeichnet die emotionale Bedeutung des Zugehörigkeitsgefühls zur eigenen Kultur. Es geht auch um die dieser Kultur zugrunde liegenden Werte und wie stark ein Individuum diese Werte verinnerlicht hat, was wiederum von der Stärke der Identifikation mit der Kultur abhängt.
- *Ethnische Identität:* bezeichnet die Einstellungen, Gefühle und Wahrnehmungen hinsichtlich der eigenen ethnischen Gruppe.
- *Gender Identität:* die Bedeutungen und Interpretationen, die sich aufgrund des Selbstbildes der Individuen und des erwarteten Fremdbildes von „Weiblichkeit" und „Männlichkeit" ergeben.
- *Personale Identität:* Gefühle und Informationen, die eine Person hinsichtlich des eigenen Selbstbildes hat. Das Selbstbild ist verknüpft mit den eigenen Motivationen, Zielen und Werten sowie mit den Persönlichkeitsdispositionen.

Situative Identität:

- *Rollenidentität:* Akzeptanz und Internalisierung bestimmter Rollenskripte für verschiedene Situationen und daran angepasstes Verhalten. Eine Rolle ist ein Set erwarteter Verhaltensweisen und Werte, die von der kulturellen oder ethnischen Gruppe als angemessen und akzeptabel definiert wird.
- *Beziehungsidentität:* diese ist begründet in der primären Sozialisierung und den Regeln, die das Individuum dabei erlernt, sowie die Beziehungen zu Eltern, Geschwistern, Lehrern, Freunden usw.
- *Facework Identität:* bezieht sich auf „Gesicht geben/nehmen". Ting-Toomey definiert „face", also „Gesicht" folgendermaßen: „Face, in essence, is a projected image of one's self in a relational situation. It is an identity that is conjointly defined by the participants in a setting. However, the degree to which one wishes to project an "authentic self" in a situation and the degree to which one chooses to maintain a "social self" in a situation varies in accordance to the cultural

orientation toward the conceptualization of selfhood. In other words, a different degree of selfhood is being projected into this self-image known as 'face'."[150]

Für den interkulturellen Konflikt ist es insbesondere relevant, welche der soeben besprochenen Identitäten für die beteiligten Person gerade besonders wichtig ist und dementsprechend anerkannt werden muss.[151]

5.7. Gesicht/Facework

Die Amerikanerin asiatischer Herkunft Stella Ting-Toomey hat sich in ihren Arbeiten intensiv mit dem Konzept „Gesicht" auseinander gesetzt. Das „Gesicht" ist eng mit der Identität einer Person verbunden und kann als „ausgehandeltes soziales Selbstbild" definiert werden.[152] Der Begriff des „Gesichtes" beschreibt das Streben einer Person nach einem vorteilhaften sozialen Selbstbild, wie es von anderen Personen wahrgenommen werden soll.[153]

Das „Gesichts"-Konzept wurde zwar hauptsächlich in Zusammenhang mit kollektivistischen Kulturen – vor allem China, Japan, Korea, Kolumbien, Mexiko und vielen arabischen Ländern – untersucht und diskutiert, interkulturelle Forscher gehen aber davon aus, dass „Facework" grundsätzlich in allen Kulturen existiert, wenn auch in unterschiedlicher Form und Bedeutung. Unter „Facework" versteht man kommunikative Verhaltensweisen, die dazu dienen, die eigene soziale Würde, also das „Gesicht", herzustellen oder zu bewahren und die soziale Würde der anderen Person zu unterstützen oder auch herauszufordern. Gerade in interkulturellen Begegnungssituationen, in denen Unsicherheit herrscht, wie z.B. in Konfliktsituationen, kann das „Gesicht" problematisch werden, da es sowohl affektive (Emotionen wie Scham oder Stolz), kognitive (z.B. nachrechnen, wie viel man gibt und bekommt) und verhaltensrelevante Ebenen aufweist. Unter-

---

[150] S. Ting-Toomey, 1988, S. 215

[151] vgl. C. Mattl, 2006, S. 78

[152] vgl. S. Ting-Toomey/J.G. Oetzel, 2001, S. 36, zit. nach C. Mattl, 2006, S. 81

[153] vgl. S. Ting-Toomey/A. Kurogi, 1998, S. 187, zit. nach C. Mattl, 2006, S. 81

suchungen haben ergeben, dass Personen aus einer individualistisch orientierten Kultur eher dazu neigen, Strategien zur Wahrung des eigenen Gesichtes zu verfolgen, während kollektivistisch orientierte Personen eher auf die Gesichtswahrung und -würdigung des Interaktionspartners fokussiert sind.[154]

In vielen asiatischen kollektivistischen Kulturen werden Konflikte prinzipiell als schädlich angesehen. Sie stören die Harmonie und es wird daher versucht, sie möglichst zu vermeiden. Schon die Tatsache, in einen Konflikt überhaupt involviert zu sein, wird als Gesichtsverlust empfunden. Der Konfliktprozess wird also sehr stark beeinflusst von der Beziehungsorientierung und dem Ziel, die Harmonie wieder herzustellen.[155]

Ting-Toomey und Kurogi glauben auch, dass Individualisten öfter retrospektive Strategien zur Verteidigung oder Wiederherstellung des Gesichtes anwenden, während Kollektivisten hier mehr proaktiv agieren, d.h. sie beugen der Verletzung des Gesichtes vor. Außerdem sind Ting-Toomey/Kurogi der Meinung, dass die kausale Attribution des Gesichtsverlustes unterschiedlich ist: Individualisten neigen zu einer situationalen Attribution („der Stau ist schuld“) während Kollektivisten eher negative internale Zuschreibungen machen („ich habe mich nicht genug angestrengt, pünktlich zu kommen“).[156]

In ihrer Studie „Measures of face concerns and facework behaviours in four national cultures“ stellen Ting-Toomey/Oetzel 13 „facework“ Kategorien (siehe nachfolgende Tabelle) vor, die Oetzel bereits in einer früheren Studie identifiziert hatte. 11 davon kamen in allen vier untersuchten Kulturen (USA, Japan, China, Deutschland) vor.[157]

---

[154] vgl. C. Mattl, 2006, S. 81 f.

[155] vgl. C. Mattl, 2006, S. 108

[156] vgl. S. Ting-Toomey/A. Kurogi, 1998, S. 192, zit. nach C. Mattl, 2006, S. 82

[157] vgl. S. Ting-Toomey/J.G. Oetzel, 2001, S. 197 ff., zit. nach C. Mattl, 2006, S. 133

Bezeichnung	Beschreibung	Übersetzung
Third party	Seeking an outside party to help resolve the conflict	Dritte Partei als Vermittler
Apologizing	For behavior	Um Verzeihung bitten
Expressing	How one is feeling	Ausdruck von Gefühlen
Defending	Standing up for one's opinions and persuading others to accept these opinions	Eigene Meinung vertreten und andere davon überzeugen wollen
Private discussion	Avoiding a public confrontation	Private Diskussion statt öffentlicher Austragung
Giving in	Accomodating to the other's wishes	Nachgeben
Remaining calm	During conflicts	Ruhig bleiben
Integrating	Behaviours used to join together perspectives of the parties	Integrieren
Consider the other	Listening to the other person to demonstrate respect for him or her	Der/dem anderen zuhören und sie/ihn respektieren
Aggression	Direct or passive	Direkte oder passive Aggression
Avoiding	The person or the issue	Vermeidung der Person oder des Themas
Compromising	Points in order to resolve the issue	Kompromisslösung in einigen Punkten

Facework Kategorien; Quelle: S. Ting-Toomey/J.G. Oetzel, 2001, S. 200 zit. nach C. Mattl, 2006, S. 134; Übersetzung von C. Mattl

Ting-Toomey/Kurogi haben Ende der 90er Jahre das „Facework“ in individualistischen und kollektivistischen Kulturen untersucht und einander gegenüber gestellt. Aus ihren Forschungen ist das nachfolgende Kulturvergleichsmodell entstanden, welches eine gute Übersicht über die verschiedenen Formen des „I-Identity Facework“ der individualistischen Kulturen und das „We-Identity Facework“ der kollektivistischen Kulturen bietet.

	„I-Identity“ facework	**„We-Identity“ facework**
Concern	Self-Face Maintenance Independent Self	Relational/Group-Face Maintenance Interdependent Self
Face Threats	Personal Self-Esteem Personal Approval Personal Boundary Personal Credibility	Social Self-Esteem Ingroup Approval Relational/Ingroup Boundary Group-Based Reputation, Status
Face-Defending Moves	Self-Face Protection Self-Face Restoration Situational Accounts	Ingroup-Face Protection Self-Face Proactive Moves Dispositional Accounts
Face Attacking Moves	Direct Mode Verbally Explicit Style Non-verbal Explicitness	Indirect Mode Verbally Understated Style Non-verbal Nuances
Face-Honoring Moves	Self-Face Enhancing Mode Satisfying Personal Goals Person-Based Power Resources	Self-Effacing Mode Satisfying Ingroup Goals Positional-Based Power Resources
Conflict Styles	Dominating/Controlling Solution-Closure Solution Compromises	Avoiding/Obliging Relational-Smoothing Relational Concessions
Facework Competence	Persuader-Centered Substantive Gains Personal Honor and Dignity Substantive Effectiveness	Listener-Centered Facework Gains Ingroup Honor and Dignity Facework Appropriateness

Quelle: S. Ting-Toomey/A. Kurogi, 1998, S. 202 zit. nach C. Mattl, 2006, S. 135

Wichtig ist zu beachten, dass „Facework“ unterschiedliche Bedeutungen haben kann. In einer Konfliktbehandlung kann die Wahrung des Gesichts zur Erhaltung der Beziehung und der Harmonie das eigentliche Ziel einer Konflikt(nicht)behandlung sein, was eher in kollektivistischen Kulturen der Fall ist. In individualistischen Kulturen hingegen kann „Facework“ je nach Umstand einen mehr oder weniger wichtigen Aspekt des Konfliktlösungsprozesses darstellen.[158]

Bei der Wahrnehmung und Bearbeitung von Konflikten im interkulturellen Umfeld spielen die erwähnten Aspekte und unterschiedlichen Ziele in den verschiedenen Facework-Orientierungen sowie die daraus resultierenden Verhaltensweisen eine nicht zu unterschätzende Rolle.[159]

---

[158] vgl. C. Mattl, 2006, S. 133 f.

[159] vgl. C. Mattl, 2006, S. 82

6. Konfliktverhalten und Konfliktstile

Basierend auf dem jeweiligen Wertesystem haben sich in den verschiedenen Kulturen unterschiedliche Kommunikations- und Konfliktstile entwickelt. Jede Person verfügt gemäß ihrer Sozialisation und Lernerfahrung über eine spezifische Sach- und soziale Handlungskompetenz. Gerade in interkulturellen Überschneidungssituationen stehen sich Menschen gegenüber, die über unterschiedlich ausgeformte Verhaltensweisen und Handlungskompetenzen verfügen und dies kann sehr leicht zu Konflikten führen. Die unterschiedlichen Wert- und Verhaltensmaßstäbe verleihen dem Konflikt eine zusätzliche Komplexitätsdimension. Interpretationsmuster, die in der eigenen Kultur passend sind, können nicht mehr angewendet werden bzw. führen zu Fehlinterpretationen. Durch Selbstreflexion und Metakommunikation muss hier zunächst einmal Verständnis geschaffen und darauf aufbauend Handlungskompetenz erzielt werden, um die im Konflikt sichtbar gewordenen Gegensätze ausräumen zu können.[160]

Gemäß Kappe ist es hilfreich, sich in einer interkulturellen Konfliktsituation folgende Fragen vor Augen zu führen:[161]

- *Wie wird mit Informationen umgegangen?*
- *Wie wird die Frage von ‚Schuld' und Verantwortlichkeit geregelt?*
- *Welche grundlegende Konfliktlösestrategie wird verfolgt?*
- *Wie zeigt sich Vermeidungsverhalten? (oder: Welches Vermeidungsverhalten zeigt sich?)*
- *Wo wird der Schwerpunkt der Konfliktregelung gelegt, auf die Personen- oder auf die Sachebene?*
- *Wie zeigt sich präventives Konfliktregelungsverhalten?*

Ting-Toomey et al. definieren Konfliktstile als „patterned responses to conflict in a variety of situations."[162]

---

[160] vgl. D. Kappe, 1996, S. 24 ff.

[161] D. Kappe, 1996, S. 37

Konfliktstile sind kulturabhängig. Sie werden im Laufe der Sozialisation in einer kulturellen oder ethnischen Gruppe erlernt. Die Mitglieder einer solchen Gruppe übernehmen voneinander die Einstellungen, Wissensstrukturen, Verhaltens- und Vorgehensweisen, um eine Konfliktsituation einzuordnen und darauf zu reagieren. Forschungen zu Konfliktstilen gehen jedoch hauptsächlich auf westliche, individualistische kulturelle Kontexte zurück und können daher nicht ohne weiteres verallgemeinert und auf kollektivistische Kulturen angewendet werden.[163] Ting-Toomey merkt an, dass z.B. die von Rahim identifizierte Vermeidungsstrategie[164], die aus westlicher Sicht eine Strategie darstellt, welche *niedriges* Interesse für die eigenen Interessen und jene des Gegenübers signalisiert, in kollektivistischen Kulturen eine Strategie mit *hohem* Interesse für die eigenen Interessen und jene des Gegenübers darstellt und dazu dient, eine harmonische Beziehung herzustellen oder beizubehalten.[165]

Gelfand et al. haben in einer kulturvergleichenden Studie Gemeinsamkeiten und Unterschiede bei Amerikanern und Japanern hinsichtlich Konfliktkonstruktionen untersucht und eruierten dabei als gemeinsamen Aspekt *„Kompromiss versus Gewinnen."*[166] Die Bedeutung und Bewertung dieses Aspektes unterscheidet die kulturellen Gruppen allerdings deutlich voneinander. Durch ihre kompromissorientierte Sichtweise neigen Japaner dazu, beiden Parteien die Verantwortung für den Konflikt zu geben, um eine weitere Konflikteskalation zu vermeiden und den Kompromiss zu fördern („To win is to lose"). Die Amerikaner hingegen sind darauf aus zu gewinnen („Winning isn't everything, it's the only thing!"). Eine Erklärung für diesen Unterschied liefert die unterschiedliche Konstruktion des „Selbst", das heißt der eigenen Identität (siehe auch Kapitel 5.6.): Um den Selbstwert zu steigern, „müssen" Amerikaner gewinnen. Die Japaner hingegen „dürfen

---

[162] S. Ting-Toomey et al., 2000, S. 48, zit. nach M.R. Hammer, 2005, S. 677

[163] vgl. S. Ting-Toomey et al., 2000, zit. nach M.R. Hammer, 2005, S. 677

[164] vgl. M.A. Rahim, 1983, zit. nach M.R. Hammer, 2005, S. 677

[165] vgl. S. Ting-Toomey, 1994, zit. nach M.R. Hammer, 2005, S. 677

[166] M.J. Gelfand et al., 2001, S. 1069, zit. nach C. Mattl, 2006, S. 109

nicht" gewinnen, da nur so die Harmonie gewahrt bzw. wiederhergestellt wird.[167]

Ein weiterer wichtiger Aspekt, der das Konfliktverhalten beeinflusst, ist der Begriff der *„Gerechtigkeit"*. Individualistische Kulturen verstehen unter Gerechtigkeit, dass der Konfliktprozess fair verlaufen muss (Transparenz, Allparteilichkeit der Vermittler) und das Ergebnis gerecht sein muss. Für kollektivistische Kulturen ist es hingegen wichtig, das Gesicht zu wahren (siehe auch Kapitel 5.7.).[168] Eine Studie von Ohbuchi et al. ergab, dass für japanische Arbeitnehmer Gerechtigkeit dann erreicht wurde, wenn ein Konflikt so gelöst wurde, dass die Gruppenharmonie aufrechterhalten wurde. Der Konfliktprozess musste so gestaltet sein, dass keine der Parteien bloßgestellt wurde. Die Befriedigung individueller Rechte war nicht so wichtig. Als Vermittler dienten meist anerkannte Autoritäten.[169]

Manfred Niedermeyer hat in seiner Vorlesung folgende Konfliktlösestrategien nach westlichem und östlichem Muster identifiziert:

Westliches Muster	**Östliches Muster**
Überzeugungsversuche	Symbolische Gesten
Kompromiss-Suche	Beziehung intensivieren/Zuwendung, erhöhte Aufmerksamkeit
Klärungsversuche	Negatives ausklammern, Gemeinsamkeiten betonen
Metakommunikation	Verhaltensänderung
Schlichter/Vermittler (neutrale Person zuziehen)	Kommunikation über Dritte, Indirekte Vermittlung

Quelle: Seminarunterlagen von M. Niedermeyer, Donau-Universität Krems, 2005

---

167 vgl. C. Mattl, 2006, S. 109 f.

168 vgl. C. Mattl, 2006, S. 110

169 vgl. Ohbuchi/Suzuki/Hayashi, 2001, zit. in K. Leung/K.-K. Tong, 2001, zit. nach C. Mattl, 2006, S. 110

Die hier dargestellten Strategien und Muster zeichnen ganz klar die im Zuge der Arbeit bereits zusammengetragenen bevorzugten Verhaltensweisen von individualistischen und kollektivistischen Kulturen im intrakulturellen Kontext nach.

Nachfolgend werden **vier Forschungsansätze zu Konfliktverhalten** vorgestellt, die auf weltweit erhobenen empirischen Daten beruhen: Augsburger (1992), Bennett (1995/1998), Blake/Mouton (1964) und Hammer (2005). Die Forschungsergebnisse wurden aus universalistischer Perspektive kategorisiert. Demzufolge weisen alle Kulturen Tendenzen der angeführten Konfliktstile auf. Zu welchem Grad der jeweilige Konfliktstil existiert, müsste allerdings in jeder Kultur einzeln betrachtet werden. Zudem gibt es auch in jeder Kultur Subkulturen, die eine unterschiedliche Ausprägung des jeweiligen Konfliktstils aufweisen. Ein Beispiel: Spanische Sozialarbeiter weisen höchstwahrscheinlich einen anderen Konfliktstil auf als spanische Polizisten. Spanische Polizisten zeigen wiederum tendenziell ein anderes Konfliktverhalten als japanische Polizisten.[170]

6.1. Konfliktverhaltensstile nach Augsburger

Die von Augsburger identifizierten Konfliktstile kommen in allen Kulturen der Welt vor, variieren aber in den einzelnen Kulturen in ihrer Intensität und Dominanz. Er ist jedoch der Meinung, dass der Verhaltensstil der Konfliktvermeidung kulturübergreifend der am stärksten vertretene Konfliktstil ist. Die Formen der Konfliktvermeidung sehen dabei allerdings oft unterschiedlich aus: z.B. Schweigen, Kontaktabbruch, Umstrukturierungen oder personelle Neubesetzungen.[171]

---

[170] vgl. C.-H. Mayer, 2006, S. 35

[171] vgl. D.W. Augsburger, 1992, S. 236, zit. nach C.-H. Mayer, 2006, S. 35

Die nachfolgende Tabelle zeigt einen Überblick über die Konfliktstile nach Augsburger:

Kulturübergreifende Optionen in Konflikten	**Beschreibung**
Vermeidung (avoidance)	Der Konflikt wird oftmals verleugnet oder verneint. Es kann jedoch auch passieren, dass andere Handhabungsstrategien in den Vordergrund rücken, wie beispielsweise Ignoranz gegenüber dem Konflikt oder Übersehen des Konfliktes.
Zurückdrängung (repression)	Der offene Konflikt wird verdrängt, indem Handlungen zur Unterdrückung des Konfliktes ausgeführt werden.
Verschiebung (displacement)	Der Konflikt wird verschoben, indem er auf ein anderes Thema oder eine andere Partei gelenkt wird.
Management (management)	Der Konflikt wird auf eine bestimmte Art und Weise limitiert und eingeschränkt oder die Intensität wird durch gegenseitiges Einvernehmen verkleinert.
Lösung (resolution)	Der Konflikt wird bestimmt durch Veränderungen, die die Ursache oder die treibenden Kräfte modifizieren.
Nutzbarkeit (utilization)	Der Konflikt wird genutzt, um neue Werte und Zielkonstellationen zu konstruieren und kreativen Wandel zu erzielen.

Quelle: C.-H. Mayer/C. Boness, 2004, S. 60 zit. nach C.-H. Mayer, 2006, S. 36

6.2. Konfliktlösungsstile nach Bennett

Aufgrund einer empirischen Untersuchung geht Bennett davon aus, dass es im Hinblick auf Konfliktlösung universell gültige Stile gibt, wobei auch hier der Grad des Einsatzes kulturell variiert. Boness beispielsweise geht davon aus, dass in der tansanischen Kultur die Vermittlung durch Dritte besonders weit verbreitet ist und teilweise mit dem Lösungsstil des Gruppenkonsens korreliert.[172]

Verschiedene Autoren verweisen darauf, dass in China die Konfliktvermeidung und damit die Wahrung des Gesichts für die Harmonie eine große Rolle spielt. Es zeigt sich also auch hier, dass Konfliktlösungsstile von den kulturellen Wertvorstellungen geprägt sind.[173]

Anschließend ein Überblick über die Konfliktlösungsstile nach Bennett:

Kulturübergreifender Stil der Konfliktlösung	**Beschreibung des Stils im Blick auf die Interkulturalität**
Vermeidung (Denial/Supression)	- Problemlösung erfolgt durch Verleugnung des Konfliktes. - Unterschiede werden heruntergespielt, um Harmonie zu wahren.
Macht (Power/Authority)	- Problemlösung erfolgt durch den Eingriff einer anerkannten Macht wie Gericht, Mehrheitsentscheid, Autoritätsperson etc.
Vermittlung (Third-Person Intermediary)	- Eine dritte, als allparteilich geltende Person wird als Schlichter oder Mediator eingesetzt, um zwischen den Konfliktparteien zu vermitteln.
Gruppenkonsens (Group Consensus)	- Eine Teilgruppe erarbeitet Ideen zur Konfliktlösung und stellt diese Entscheidung vor. Die gesamte Gruppe trägt die Entscheidung mit.
Direkte Diskussion (Direct Discussion)	- Die in den Konflikt involvierten Individuen sprechen offen miteinander über den Konflikt. - Berücksichtigt werden die Wahrnehmungen, die Gefühle und Positionen der Individuen.

Quelle: C.-H. Mayer/C. Boness, 2004, S. 61 zit. nach C.-H. Mayer, 2006, S. 39

[172] vgl. C. Boness, 2002, zit. nach C.-H. Mayer, 2006, S. 39
[173] vgl. C.-H. Mayer, 2006, S. 39

6.3. Konfliktstile nach Blake und Mouton

In der US-amerikanischen Konfliktforschung wird meist das Modell der fünf Konfliktstile nach Blake und Mouton herangezogen.[174]

- **Integrativer Stil** (hohes Interesse für sich und andere): Offenheit, Austausch von Informationen, Auslotung von Differenzen. Ziel: Effektive Lösung, die für beide Parteien akzeptabel ist.
- **Harmonisierender Stil** (niedriges Interesse für sich, hohes Interesse für andere): Differenzen herunterspielen, Gemeinsamkeiten betonen. Ziel: Interesse der anderen Partei befriedigen.
- **Durchsetzungsstil** (hohes Interesse für sich, niedriges Interesse für andere): „Win-Lose-Orientierung".
- **Vermeiden** (geringes Interesse für sich und andere): Rückzug und Ausweichen.
- **Kompromiss** (mittleres Interesse für sich und andere): Beide Parteien geben etwas auf. Ziel: Erreichen einer gegenseitig akzeptablen Lösung.

Kulturvergleichende Forschungen für China, Japan, Korea, Taiwan, Mexiko und die USA, die auf den theoretischen Annahmen von „Ich-Identität" und „Wir-Identität" sowie dem Interesse am „Wahren des eigenen Gesichts" versus dem „Wahren beider Gesichter" basieren, haben ergeben, dass individualistische Kulturen dazu tendieren, kompetitive, kontrollierende Konfliktstile einzusetzen, während Vertreter kollektivistischer Kulturen integrative und kompromissorientierte Konfliktstile bevorzugen. In aufgabenorientierten Konfliktsituationen neigen Letztere außerdem eher zu harmonisierenden und vermeidenden Stilen.[175]

Ting-Toomey und Oetzel erweitern das Model von fünf auf acht Konfliktstile und fügen die Dimensionen „emotionaler Ausdruck", „passiv aggressives Negieren" und „Beiziehung von Dritten" hinzu. Den fünf bestehen-

---

[174] vgl. R.R. Blake/J.S. Mouton, 1964, zit. nach C. Mattl, 2004, S. 16
[175] vgl. S. Ting-Toomey, 1994, S. 367, zit. nach C. Mattl, 2004, S. 17 f.

den Konfliktstilen werden somit auf den Dimensionen „Interesse für das eigene“ und „Interesse für das andere“ differenziertere Positionen zugeteilt. Sie haben also nicht nur drei Konfliktstile hinzugefügt, sondern auch die implizite Bewertung der Stile (Integration ist gut, Vermeiden ist schlecht) verändert. Das bringt erstmals zum Ausdruck, dass gleiche Stile in verschiedenen Kulturen eine andere Bedeutung haben und dadurch auch eine andere Bewertung erlangen.[176]

Ting-Toomey meint zusammenfassend dazu:

„In short, in the individualistic cultures, the conflict-management process relies heavily on verbal offense and defense to justify one's position (...) In collectivistic conflict situations, ambiguous, indirect verbal messages are often used with the intention of saving mutual face, saving group face, or protecting someone else's face. In addition, subtle nonverbal gestures or nonverbal silence is often used to signal a sense of cautionary restraint toward the conflict situation (...).“[177]

In Untersuchungen wurde auch festgestellt, dass das Konfliktverhalten variiert, je nachdem auf welcher *Hierarchiestufe* sich die beteiligten Personen befinden.[178] Zu demselben Ergebnis kam Kozan, der eine Untersuchung mit – unter anderem - türkischen Managern und Mitarbeitern durchführte. Türkische Manager wendeten gegenüber ihren Mitarbeitern eher den Stil „Durchsetzen“, gegenüber Kollegen „Vermeiden“ und gegenüber Vorgesetzten den Stil „Harmonisieren“ an.[179]

In der Forschung gab es auch immer wieder Diskussionen, ob der von einer Person gewählte Konfliktstil von der persönlichen Disposition abhängt und in verschiedenen Situationen sowie im Zeitverlauf stabil bleibt, oder ob es wechselnde Strategien in Abhängigkeit der Intention sind. Insgesamt gese-

---

[176] vgl. S. Ting-Toomey/J.G. Oetzel, 2001, S. 48, zit. nach C. Mattl, 2004, S. 18

[177] vgl. S. Ting-Toomey, 1994, S. 367, zit. nach C. Mattl, 2006, S. 128 f.

[178] vgl. M.A. Rahim et al. 2001, zit. nach C. Mattl, 2006, S. 125

[179] M.K. Kozan, 1989, zit. nach C. Mattl, 2006, S. 127

hen trifft sicher jede Überlegung zu und ist möglicherweise auch abhängig von der Art des Konfliktes.[180]

6.4. The Intercultural Conflict Style Inventory (Hammer)

Basierend auf den kulturellen Aspekten "direkte vs. indirekte Kommunikation" und „starker vs. schwacher emotionaler Ausdruck" entwickelte Mitchell R. Hammer mit Hilfe einer empirischen Untersuchung das nachfolgend dargestellte vierdimensionale Basismodell interkultureller Konfliktstile: das „Intercultural Conflict Style Inventory".[181]

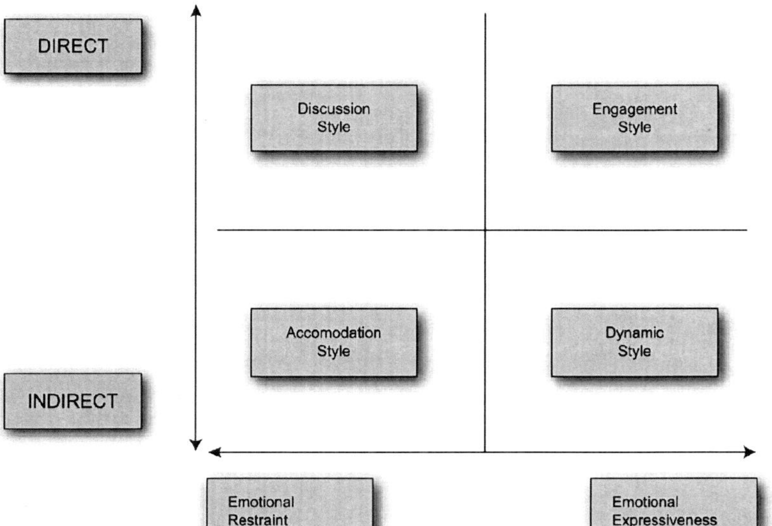

Quelle: M.R. Hammer, 2005, S. 691

[180] vgl. C. Mattl, 2006, S. 125
[181] vgl. M.R. Hammer, 2005, S. 675 ff.

Discussion Style: zeichnet sich durch relativ ausgeprägte verbale Direktheit hinsichtlich des sachlichen Konfliktthemas aus. Der emotionale Ausdruck der Konfliktpartner ist eher schwach ausgeprägt. Wichtig in diesem Konfliktstil ist eine präzise Sprache und der Grundsatz: sag, was du meinst und meine, was du sagst. Starker emotionaler Ausdruck wird als bedrohlich empfunden und als hinderlich für einen zielführenden Konfliktlösungsprozess. Man will die Unstimmigkeiten direkt ansprechen. Die Diskussion sollte allerdings auf objektiven Fakten basieren und die Konfliktparteien sollten ihre persönlichen Gefühle nicht allzu sehr in den Prozess einbringen.

Engagement Style: Dieser Konfliktstil beschreibt einen direkten und konfrontativen Argumentationsstil gepaart mit einem starken emotionalen Ausdruck. Konfliktparteien, die diesen Stil vertreten, sind der Meinung, dass ein ernst gemeintes Streben nach einer positiven Konfliktlösung daran ersichtlich ist, wie stark die verbal und non-verbal ausgedrückte emotionale Beteiligung ist. Die Parteien können mit dem gegenseitigen persönlichen Engagement, bei dem Unstimmigkeiten direkt angesprochen werden und Emotionen auf den Tisch kommen, besser umgehen als Personen des „Discussion Style“.

Accomodation Style: Dieser Stil basiert auf einem indirekteren verbalen Stil und einem eher schwach ausgeprägten bzw. kontrollierten emotionalen Ausdruck. Der Stil ist gekennzeichnet durch Zweideutigkeit, Umschreibungen und Weitschweifigkeit im Sprachstil um zu verhindern, dass ein Konflikt außer Kontrolle gerät. Emotional ruhig und reserviert zu bleiben, ist sehr wichtig, um die Harmonie zwischen den Personen aufrecht zu erhalten und beziehungsschädigenden Unstimmigkeiten vorzubeugen. Ein intensiver Gefühlsausdruck wird als potentiell gefährlich angesehen und als hinderlich für einen effektiven Konfliktlösungsprozess. Indirekte Kommunikation, der Einsatz von Vermittlern und ein Herunterspielen des Konfliktes sind Strategien, die von Vertretern des „Accomodation Style“ wahrscheinlich eingesetzt werden.

Dynamic Style: Dieser Stil vereint einen eher indirekten Umgang mit Unstimmigkeiten mit einem eher stärkeren emotionalen Ausdruck. In der sprachlichen Verwendung ist dieser Stil gekennzeichnet von Wiederholungen, einer „assoziativen“ (harmonisierenden, beschwichtigenden) Argumentationsstruktur, Zweideutigkeit und der Einbindung einer dritten Partei als Vermittler. Die Konfrontation ist emotional und ausdrucksstark. Die Glaubwürdigkeit einer Partei hängt ab vom Grad der emotionalen Beteiligung, die man hinsichtlich des Konfliktes und der gegnerischen Partei an den Tag legt.

Ein Vertreter des „Accomodation Style“ empfindet beispielsweise im Konfliktfall einen Vertreter des „Engagement Style“ als grob und aggressiv, während sein Gegner ihn als falsch und unengagiert sieht. Der „Dynamic Style“ wird als flatterhaft und unorganisiert empfunden.

6.5. Veränderung der Konfliktstile in interkulturellen Kontaktsituationen

Intrakulturelles Konfliktverhalten wurde bereits in zahlreichen Studien untersucht, es gibt jedoch nur wenige Untersuchungen über das interkulturelle Konfliktverhalten. Literaturrecherchen der Autorin ergaben insgesamt sechs Studien zum interkulturellen Konfliktverhalten und zwei zum interkulturellen Kommunikationsverhalten; diese werden nachfolgend kurz skizziert.

Aufgrund des erwähnten Mangels an Untersuchungen, leiten sich auch Annahmen und Empfehlungen zum Verhalten in interkulturellen Konfliktsituationen zumeist aus den kulturvergleichenden Studien ab. Solche kulturvergleichenden Studien haben beispielsweise ergeben, dass einige (vor allem südostasiatische) kollektivistische Kulturen die Konfliktstile „Vermeiden“ und „Harmonisieren“ bevorzugen, während individualistische Kulturen (vor allem US-amerikanische) hauptsächlich „Durchsetzen“ und „Integrieren“ einsetzen. Nun wird davon ausgegangen, dass Konfliktverhalten über die Zeit, Situation und Kultur hinweg stabil ist und es wird daher erwartet, dass die Vertreter der anderen Kulturen „ihren“ kulturell geprägten Konfliktstil beibehalten.[182]

Die **interaktionistische Sichtweise** besagt allerdings, dass beim Zusammentreffen zweier Kulturen eine neue, dritte Kultur entsteht. Um diese These zu untermauern, müssten noch mehr Studien zu der Frage der Verhaltensänderung in interkulturellen Konflikten durchgeführt werden. Eine Bestätigung der interaktionistischen Sichtweise würde bedeuten, dass kulturvergleichende Studien in interkulturellen Situationen nur beschränkt gültig wären, da die Personen im interkulturellen Kontext ihr Konfliktverhalten ändern.[183]

In den wenigen Studien zum Verhalten in **interkulturellen Kommunikationssituationen** gibt es Hinweise darauf, dass vor allem Vertreter kollektivistischer Kulturen im Vergleich zu Vertretern individualistischer Kulturen vermehrt dazu neigen, Personen aus anderen Kulturen als Outgroup zu sehen. Sie wenden in der Interaktion mehr dem „Interesse für das eigene“ verpflichtete Konfliktstile an als der Ingroup gegenüber.[184]

Untersuchungen von Adair et al. zu Verhalten in interkulturellen Verhandlungen zwischen Japanern und US-Amerikanern haben ergeben, dass die Mitglieder der kollektivistischeren Kultur, also die Japaner, mehr Verhaltensänderungen gegenüber der Outgroup zeigten als die Vertreter der individualistischeren, also der US-amerikanischen Kultur.[185]

In einer weiteren Untersuchung testeten Adair und Brett die Behauptung Halls[186], dass „high-context cultures“ ein flexibleres Kommunikationsverhalten zeigen als „low-context cultures“: Ihre Ergebnisse unterstützten die Aussage Halls.[187] Die stärkere Anpassung der high-context Kultur könnte allerdings auch darauf zurückzuführen sein, dass die Simulation in engli-

---

[182] vgl. C. Mattl, 2006, S. 135 f.

[183] vgl. C. Mattl, 2004, S. 19

[184] vgl. C. Mattl, 2004, S. 18

[185] vgl. W.L. Adair et al., 1998, zit. nach C. Mattl, 2004, S. 21

[186] vgl. E.T. Hall, 1981

[187] vgl. W.L. Adair/J.M. Brett, 2002, zit. nach C. Mattl, 2004, S. 21

scher Sprache durchgeführt wurde und die Probanden ein MBA-Programm in den USA besuchten.[188]

Was das Verhalten in **interkulturellen Konfliktsituationen** anbelangt, so kann in den nachfolgend angeführten Studien folgende Tendenz festgestellt werden: Vertreter individualistischer Kulturen schwächen ihre kompetitiven Stile ab (weniger kontrollierend, weniger durchsetzend und/oder weniger dominierend) und neigen zu mehr indirekten Stilen (diplomatisch lösungsorientiert, integrativ). Vertreter kollektivistischer Kulturen gehen entweder zu weniger indirekten, mehr konfrontativen und kompetitiven Verhaltensweisen über oder zeigen keine Veränderung. Das bedeutet also, dass anhand der nachfolgenden Studien – im Gegensatz zu den Studien von Adair/Brett und Adair et al. – nicht belegt werden kann, dass Vertreter kollektivistischer Kulturen „flexibler" agieren, d.h. größere Verhaltensänderungen zeigen, als Vertreter individualistischer Kulturen. Aus den Studien geht allerdings deutlich hervor, dass Einflüsse wie Status, Macht und Hierarchie einen entscheidenden Einfluss auf die Verhaltensmuster in Konflikten haben können.[189]

Gillian Khoo untersuchte in einer Studie 100 hongkong-chinesische Manager, amerikanische Manager chinesischer Abstammung sowie amerikanische Manager europäischer Abstammung. Die Hongkong-Chinesen verwendeten im intrakulturellen Konflikt „Vermeiden" und „Harmonisieren", im interkulturellen Konflikt hingegen „Kompromiss". Amerikaner chinesischer Abstammung zeigten in beiden Fällen den Konfliktstil „Vermeiden". Chinesisch- und europäisch-stämmige Amerikaner mit einem hohen kollektivistischen Wert bevorzugten im interkulturellen Konflikt eher den Stil „Durchsetzen", während Euro-Amerikaner mit einem höheren individualistischen Wert eher zum integrativen Konfliktstil neigten.[190]

Chan/Goto führten eine Studie mit 122 hongkong-chinesischen Angestellten zum Konfliktverhalten gegenüber Vorgesetzten durch und kamen zum

---

[188] vgl. C. Mattl, 2006, S. 145

[189] vgl. C. Mattl, 2006, S. 140 f.

[190] vgl. G.P.S. Khoo, 1994, zit. nach C. Mattl, 2004, S. 18 f.

Ergebnis, dass deren insgesamt bevorzugte Konfliktstrategie „Verhandeln" war. Bei Konflikten mit einheimischen Vorgesetzten allerdings war die Reihenfolge der präferierten Konfliktstile Nichts-Tun – Verhandeln – Mediation – Schiedsgericht (unter Schiedsgericht wird hier das Einreichen einer formalen Beschwerde bei ihrem Unternehmen verstanden). Bei Vorgesetzten aus der Volksrepublik China und den USA war die Reihenfolge hingegen Verhandeln – Mediation (mit den US-Amerikanern) bzw. Schiedsgericht (mit den Chinesen). Gegenüber den Mitgliedern der Outgroup gaben sie Verhandeln jeweils als letzte Wahl an. (Hier ist anzumerken, dass die Autoren der Studie durch eine Messung der sozialen Distanz zu folgendem Ergebnis hinsichtlich der Ingroup/Outgroup Wahrnehmung der Probanden kamen: Zur Ingroup gehörten hongkong-chinesische Angestellte, zur Outgroup Vorgesetzte aus den USA und der Volksrepublik China, wobei ihnen die US-Amerikaner näher waren als die Chinesen.) Die Probanden würden im interkulturellen Konflikt also eher zu konfrontativen Mitteln, wie der Schiedsgerichtsbarkeit greifen und den Konflikt weiterverfolgen, während sie das beim intrakulturellen Konflikt eher vermeiden würden.[191]

Cole führte in den USA eine Studie mit japanischen Studenten durch, die ergab, dass diese bei Konflikten in der Ingroup mehr harmonisierende Strategien anwendeten, bei Konflikten mit der Outgroup hingegen neigten sie eher zu kompetitiven Strategien. Bei Konflikten in kollektivistischen Gruppen spielt zudem der Status der Personen der Ingroup eine wichtige Rolle.[192]

Brew/Cairns führten eine Studie mit westlichen Expatriates (hauptsächlich aus Australien) und asiatischen Managern in fünf internationalen Unternehmen in Hongkong und Singapur durch. Die Studie ergab, dass die Expatriates gegenüber den Einheimischen indirektere Konfliktstrategien anwendeten als gegenüber ihren westlichen Vorgesetzten. Sie waren auch den westlichen Mitarbeitern gegenüber offener als den Einheimischen gegen-

[191] vgl. D.K.-F. Chan/S.G. Goto, 2003, S. 451 f., zit. nach C. Mattl, 2006, S. 137
[192] vgl. Cole, 1989, in S. Ting-Toomey, 1994, zit. nach C. Mattl, 2004, S. 19

über. Der Vergleich ihres Umgangs mit asiatischen bzw. westlichen Vorgesetzten ergab, dass sie sich bei asiatischen Managern indirekter, weniger kontrollierend, diplomatischer und weniger offen zeigten. Die westlichen Expatriates waren nur gegenüber Vorgesetzten, vor allem gegenüber westlichen Vorgesetzten, direkter als die einheimischen Probanden. Die asiatischen Manager vermieden eher Konflikte mit asiatischen Vorgesetzten als im Vergleich dazu die Expatriates mit westlichen Vorgesetzten. Die asiatischen Manager zeigten im Umgang mit einheimischen Mitarbeitern einen kontrollierenderen und direkteren Stil als die Expatriates. Insgesamt verhielten sich die Asiaten gegenüber den Mitarbeitern direkt und gegenüber den Vorgesetzten indirekt, unabhängig von der kulturellen Zugehörigkeit. Die Einheimischen wendeten nur gegenüber den westlichen Vorgesetzten einen indirekteren Konfliktstil an als die Expatriates. Die Einheimischen orientierten sich im Vergleich zu den Expatriates insgesamt mehr am Status als an der Kultur.[193]

Hong führte mit koreanischen Studenten in der USA und US-Amerikanern eine Befragung zum Konfliktverhalten durch. Die Studie ergab, dass die Koreaner sowohl im intra- wie auch im interkulturellen Kontext einen kompromissorientierten und integrativen Stil bevorzugten. Allerdings war im interkulturellen Konflikt ihre kooperative Tendenz schwächer ausgeprägt als im intrakulturellen Konflikt. Die Amerikaner zeigten im intrakulturellen Konflikt einen dominanten Stil und durchsetzende Strategien. Diese grundsätzliche Ausrichtung behielten sie im interkulturellen Setting zwar bei, aber in abgeschwächter Form. Die untersuchten Gruppen zeigten also im interkulturellen Konflikt beide eine Verhaltensänderung. Die Unterschiede zwischen den Gruppen wurden im interkulturellen Zusammentreffen eher kleiner.[194]

Doris Kappe erhob in ihrer Dissertation das Konfliktverhalten in bikulturellen Gruppen mittels Fragebogen und Rollenspielen. Sie stellte fest, dass sowohl ein Bewusstsein für die Besonderheit der Situation vorhanden ist,

[193] vgl. F. Brew/D. Cairns, 2004, zit. nach C. Mattl, 2006, S. 137 f.
[194] vgl. J. Hong, 2005, zit. nach C. Mattl, 2006, S. 138

wie auch eine grundsätzliche Bereitschaft zu konstruktivem Verhalten. Das zeigte sich darin, dass die Probanden häufig die eigene Meinung äußerten, viele Fragen stellten und sachorientiert diskutierten. Die Gruppen verhielten sich dabei eher integrativ als konkurrierend oder dominierend. Die Beobachtung einer deutsch/deutschen und einer südkoreanisch/deutschen Gruppe ergab, dass ihr zu Beginn eher integratives Verhalten in ein direktives Verhalten umschlug, wenn sie merkten, dass die eigenen Handlungsstrategien nicht griffen. Insgesamt zeigten sich in allen bikulturellen Gruppen Verhaltensänderungen. Es liegen allerdings keine Ergebnisse dazu vor, ob sich das Verhalten einer kulturellen Gruppe mehr änderte als das anderer Gruppen.[195]

Zusammenfassend kann gesagt werden, dass aufgrund der Ergebnisse der Studien die interaktionistische Sichtweise, nämlich dass beim Zusammentreffen zweier Kulturen eine dritte entsteht, zumindest in Kommunikations- und Konfliktsituationen im organisationalen Umfeld sicher ihre Berechtigung hat. Insofern wären kulturvergleichende Studien zu Konfliktverhalten nur beschränkt für die Vorhersage von Verhalten in interkulturellen Settings heranzuziehen. Interessant wäre aber auch zu untersuchen, welche Rolle die Erwartungshaltung der Konfliktparteien hinsichtlich des Konfliktstils bzw. Konfliktverhaltens der anderskulturellen Partei spielt und wie sich diese Erwartungshaltung auf die Konfliktstrategie auswirkt.[196]

Ebenfalls von Interesse ist es, sich vor Augen zu führen, aus welchem Grund Personen ihr Konfliktverhalten der anderen Partei anpassen und was sie damit bezwecken bzw. was sie sich davon erhoffen.

Mattl führt in ihrer Arbeit vier Möglichkeiten an, das unterschiedliche Konfliktverhalten gegenüber Mitgliedern der Ingroup und jenen der Outgroup zu interpretieren:[197]

- *Personen ändern ihr Verhalten im interkulturellen Konflikt, weil sie sich durch eine Annäherung an das erwartete Verhalten der anderen*

---

[195] vgl. D. Kappe, 1996, zit. nach C. Mattl, 2006, S. 136

[196] vgl. C. Mattl, 2006, S. 141

[197] C. Mattl, 2006, S. 141

Partei eine Kompatibilität der Stile und damit weniger zusätzliches Konfliktpotential und mehr Verständnismöglichkeiten erwarten (integrierendes Ziel).

- *Sie ändern ihre Strategie und ihr Verhalten, weil sie glauben mit der anderen Strategie und einem passenderen Stil ihre Ziele besser erreichen zu können, sich besser durchsetzen zu können (distributives Ziel).*
- *Sie verwenden die Strategie 1 (Anpassung an die andere Konfliktpartei) mit dem Ziel 2 (ihre Interessen besser durchzusetzen).*
- *Personen ändern ihr Verhalten im intrakulturellen (sic!) Konflikt als Anpassung auf die Situation, die Interaktion mit dem Gegenüber, nicht strategisch, geplant wie in den Interpretationen 1 bis 3.*

Daraus ergeben sich dann wieder mehrere Möglichkeiten:[198]

Erstens: Die adaptierten Strategien und Verhaltensweisen passen zusammen und die Verständigung wird leichter (beide gehen z.B. zu einem integrierenden Stil über: kollektivistische Kulturen von „vermeidend" zu „integrierend", individualistische Kulturen von „dominierend" zu „integrierend").

Zweitens: Die Strategien und Verhaltensweisen passen nicht zusammen, weil sich nur eine Seite angepasst hat und dann z.B. ein integrierender Stil einem dominierenden Stil gegenüber steht. Oder sie passen nicht zusammen, weil sich eine oder beide Seiten „überanpassen", z.B. wenn die kollektivistische Kultur das Verhalten „durchsetzend" an den Tag legt und die individualistische Kultur einen harmonisierenden oder vermeidenden Stil praktiziert.

Die hier dargestellten Ergebnisse zeigen, dass nicht nur die Nicht-Anpassung an das Gegenüber, sondern auch die Anpassung (nämlich die Überanpassung) zu Problemen in der Interaktion bzw. Konfliktlösung führen können. Sensibilität, Einfühlungsvermögen und eine gute Wahrneh-

[198] vgl. C. Mattl, 2006, S. 142

mungsfähigkeit sind auch hier wieder zentrale Bestandteile interkultureller Kompetenz.

6.6. Anforderungen an Konfliktverlauf und -ergebnis

Personen, die sich in einer Konfliktsituation befinden, haben aufgrund ihrer Sozialisation und ihrer Erfahrungen bestimmte Vorstellungen davon, wie die Konfliktbehandlung erfolgen soll, welches Verhalten der Konfliktparteien angebracht ist und welches Ergebnis erreicht werden soll.

Ting-Toomey/Oetzel fassen die Anforderungen eines Individuums an den Konfliktverlauf und an das Konfliktergebnis wie folgt zusammen:[199]

- *Angemessenheit („appropriateness"):* Die Verhaltensweisen im Konflikt werden als passend angesehen und den Erwartungen der Insider dieser Kultur gerecht. Dazu ist es wichtig, die zugrunde liegenden Werte, Normen, sozialen Rollen, Erwartungen und Skripts, die die Konfliktepisode lenken, zu verstehen und richtig einzuschätzen.
- *Effektivität („effectiveness"):* Das Ausmaß, in dem die Konfliktparteien integrative zielorientierte Ergebnisse erreichen.
- *Zufriedenheit („satisfaction"):* Zufriedenheit wird erreicht, wenn die jeweiligen Identitäten (z.B. Kultur- oder Genderidentität) in der Interaktion in positiver Weise angesprochen werden. Dies ist bei Individualisten beispielsweise der Ausdruck individueller Gefühle und Interessen sowie der persönliche Selbstwert. Für Kollektivisten bedeutet es Bestätigung und Anerkennung der Beziehung, Ingroup-Loyalität und Unterstützung.
- *Produktivität („productivity"):* Beide Parteien haben nach einer längeren Konfliktepisode das Bedürfnis danach, „etwas erreicht zu haben". Ein Konflikt wird dann als produktiv empfunden, wenn beide Parteien das Gefühl haben, Einfluss auf den Konfliktprozess zu haben und durch das Resultat des Konfliktes etwas gewonnen zu ha-

---

[199] vgl. S. Ting-Toomey/J.G. Oetzel, 2001, S. 58 ff., zit. nach C. Mattl, 2006, S. 148

ben. Kompetente Kommunikatoren in interkulturellen Konflikten sind nach Ting-Toomey/Oetzel jene, die mit Bedeutungen effektiv und angemessen umgehen und gleichzeitig die Konfliktbeziehung auf ein höheres Niveau der Produktivität und Zufriedenheit führen.

7. Eskalation in Konflikten

7.1. Phasenmodell der Eskalation nach F. Glasl

Glasl hat ein neunstufiges Eskalationsmodell entwickelt, dass in der deutschsprachigen Konfliktforschung mittlerweile sicherlich als Standardmodell bezeichnet werden kann. Es soll daher nachfolgend kurz vorgestellt werden.[200]

Das Modell besteht aus insgesamt neun Eskalationsstufen, wobei von Stufe 1-3 eine win-win Haltung der Parteien vorherrscht, von Stufe 4-6 eine win-lose Haltung und von Stufe 7-9 eine lose-lose Haltung.

Stufe 1: Verhärtung

Standpunkte kristallisieren sich heraus und nehmen starre Formen an, Eindrücke werden selektiert, die Wahrnehmung wird verzerrt, die positiven Seiten der eigenen Partei werden schärfer wahrgenommen als die der gegnerischen Partei. Die Spannungen werden von den Parteien als Belastung empfunden; sie fühlen sich unbehaglich und bemühen sich, die Spannungen nicht weiter anwachsen zu lassen. Es herrscht die Überzeugung, dass die Spannungen durch rationale Gespräche lösbar sind.

Stufe 2: Debatte, Polemik

Rigorosere Haltung der Parteien, harte, verbale Konfrontationen, um ihre Standpunkte durchzusetzen. Es entsteht eine Mischung aus kooperativen und kompetitiven Einstellungen. Die Auffassungsunterschiede der Parteien werden betont. Starke Fixierung auf die bereits eingenommenen Standpunkte, deren Verteidigung wird zur Prestigesache. Es herrscht die Überzeugung, dass ein Nachgeben in der Sache nachteilige Folgen für die soziale Position, Macht und Ansehen hat. Die Interessen der Parteien werden als unvereinbar und konkurrierend empfunden: „Entweder-oder" Denken. Bildung von Stereotypen über die „typischen Verhaltensweisen" der Gegenseite. Die Gespräche werden zu Debatten, die Parteien entwickeln einen

---

[200] vgl. F. Glasl, 2004, S. 233 ff.

scharfen Sinn für Widersprüche der Gegner. Gegenseitige Vorwürfe und Verweisen auf Fehler und Unzulänglichkeiten. Einsatz von „quasi-rationaler“ Argumentation und Manipulation der Argumente und Gefühle der Gegenpartei. Trotz der Verschärfung der Situation herrscht noch ein Bemühen um die Aufrechterhaltung der Beziehung. Der Gegenseite wird das Recht auf Erwiderung und Rechtfertigung nicht abgesprochen.

Stufe 3: Taten statt Worte

Gespräche bringen die Parteien nicht mehr weiter, sie gehen zu Taten über und stellen die Gegenpartei vor vollendete Tatsachen. Die eigenen Absichten sollen durchgesetzt und der Gegner im Erreichen seiner Ziele gebremst werden. Widerstand wird in Kauf genommen. Konformitätsdruck innerhalb der eigenen Gruppe. Das Interesse an den Gedanken und Intentionen der anderen Seite schwindet. Vorurteile und kollektive Klischeebilder der anderen Partei bilden sich. Die non-verbalen Komponenten der Kommunikation sind im Handeln und Wahrnehmen ausschlaggebend. Gefahr von Fehlinterpretationen. Aktion und Gegenaktion der Parteien, Misstrauen und Drohgebärden, Beschleunigung des Geschehens. Die Situation wird komplexer und weniger steuerbar.

Stufe 4: Sorge um Image und Koalition

Übergang zur win-lose Haltung. Die Einstellungen der Parteien werden starrer, rigoroser, feindseliger und aggressiver. Denken in Dualitäten: schwarz oder weiß, dafür oder dagegen, Wahrheit oder Lüge. Die eigenen Standpunkte werden als gegensätzlich zu denen der anderen Partei empfunden (selbst wenn, objektiv betrachtet, Gemeinsamkeiten überwiegen). Aufkommen von autistischer Feindseligkeit, fanatische Handlungen. Bildung von stereotypen positiven Selbstbildern und negativen Feindbildern. Die Aufmerksamkeit der Konfliktparteien gilt der Wahrung des eigenen „guten Rufes“ und des Selbstbildes. Selektive Wahrnehmung des Gegners gemäß dem negativen Feindbild. Die Parteien drängen sich gegenseitig ein bestimmtes Rollenverhalten auf. Der Gegner wird als nicht entwicklungsfähig betrachtet. Provokationen des Gegners. Unterstützung durch Außenstehende wird gesucht: „Image-Werbung“. Probleme der gegenseitigen Beziehungen treten mehr in den Vordergrund, Sachthemen in den Hintergrund. Die Wahrnehmung der gesamten Konfliktsituation ändert sich grundlegend: Der Konflikt hat keinen sachlichen Hintergrund, sondern ist hauptsächlich auf die Eigenschaften und Handlungen der Gegenpartei zurückzuführen.

Stufe 5: Gesichtsverlust

Gesichtsangriffe und Gesichtsverlust. Der Gesichtsverlust des Gegners wird zum „Aha-Erlebnis": vergangene Handlungen des Gegners werden in einem neuen, negativen Licht gesehen (er war immer schon so und hat seinen wahren Charakter durch Handlungen zu vertuschen versucht). Gefühl des Ekels und der Abscheu dem Gegner gegenüber. Selbstbild und Fremdbild erhalten eine moralische Dimension: „Engel" und „Teufel". Der Konflikt wird zu einem Konflikt der Werte. Öffentliche „Entlarvungsversuche" des Gegners. Starke Bindung innerhalb einer Konfliktpartei. Kompromisse scheinen völlig inakzeptabel. Angriffe auf den Gegner werden als „heilige Verpflichtung" gesehen, der Gegner wird „öffentlich" angeklagt und sein Charakter demaskiert. Das soziale Umfeld wird gezwungen, eine „moralische" oder „unmoralische" Position einzunehmen, indem sie sich für die eine oder andere Seite entscheidet.

Stufe 6: Drohstrategien

Gewaltdenken und Gewalthandeln der Parteien nehmen zu. Erpresserische und extreme Drohstrategien. Selbstbild und Fremdbild verfestigen sich noch mehr. Irrationalität tritt auf und bestimmt das Handeln unbewusst. Das Verhalten des Gegners erscheint besonders aggressiv. Das eigene Verhalten wird nur als Reaktion auf den Druck des Gegners verstanden. Die Gegenseite wird für die Verschlechterung der Situation verantwortlich gemacht. Eigene Nachgiebigkeit bedeutet Schwäche: Ein Abweichen von der eigenen Position erscheint unmöglich. Die Kontrolle über die Situation geht zunehmend verloren. Drohungen führen zu Gegendrohungen. Radikalisierung und sprunghaftes Anwachsen der Gewalt.

Stufe 7: Begrenzte Vernichtungsschläge

Das Sicherheitsgefühl der Konfliktparteien wurde in der Stufe 6 erschüttert: Man traut sich nun gegenseitig alles zu und hat nur noch die eigene Existenzsicherung vor Augen. Der Gegner wird nicht mehr als Mensch, sondern als Objekt gesehen, das ohne Skrupel manipuliert und geschädigt werden kann. Drastische Veränderung in der Wortwahl: „Unschädlich-Machen" des Gegners u.ä. Durchführung der vorher angedrohten Sanktionen. Auf Zerstörungsschläge folgen Vergeltungsschläge des Gegners. Der Verlust der anderen Partei wird als eigener Gewinn verbucht, auch wenn er keinen tatsächlichen Nutzen bringt: Lose-Lose Einstellung (eigener Schaden wird akzeptiert solange der Schaden des Gegners größer ist). Ziel ist nicht die totale Vernichtung des Gegners, aber die Ausschaltung des Drohungs- und Sanktionspotentials. Das Geschehen wird von Machtstreben beherrscht. Die Kommunikation wird zur Einbahnstraße: Jede Partei will ihre Botschaft so eindringlich wie möglich äußern und nimmt keine Antworten oder Reaktionen mehr auf. Jede Seite will ihre Interessen und Absichten durchsetzen – koste es, was es wolle.

Stufe 8: Zersplitterung

Die Vernichtungsschläge werden heftiger. Die Gegenpartei soll aufgespaltet und zersplittert und ihre Macht- und Existenzgrundlage vernichtet werden. Sprunghafter Anstieg der Aggressivität. Es geht nicht um das Erzielen eines Nutzens, sondern um den relativ größeren Schaden für den Gegner. Destruktive Neigungen nehmen überhand. Drang zur totalen Eliminierung des Gegners. Der völlig zügellosen Gewalt steht nur das Bemühen, die eigene Existenz, das eigene Überleben nicht in Gefahr zu bringen, entgegen.

Stufe 9: Gemeinsam in den Abgrund

Umschalten auf totalen Kollisionskurs: „Vorwärts um jeden Preis." Die Kosten einer Umkehr scheinen höher als die Kosten einer totalen Vernichtung und Selbstvernichtung. Die Konfliktparteien führen einen totalen Vernichtungskrieg, ohne Unterscheidung zwischen Parteien oder Neutralen. Sie treiben auf einen Abgrund zu, aus dem es kein Entkommen mehr gibt und schlagen besinnungslos um sich. Der einzige Triumph ist, dass der Gegner mit untergeht.

Regressionsschwellen:

Bei jedem Übergang zur nächsten Eskalationsstufe werden die Handlungsmöglichkeiten der Parteien verringert. Die Wendepunkte nennt Glasl „Regressionsschwellen". Die Konfliktparteien werden von Denkgewohnheiten, Gefühlen, Motiven und Zielen geleitet, die nicht ihrem wirklichen Reifegrad, sondern zurückliegenden Phasen ihrer Entwicklung entsprechen. Die Wahrnehmung, Einstellungen und Absichten der Konfliktparteien sowie ihr gesamtes Selbstkonzept und ihre Verhaltensweisen ändern sich.

Glasl geht in den Erläuterungen zu seinem Modell an manchen Stellen auch auf andere Kulturen ein. So zitiert er z.B. hinsichtlich Stufe vier des Modells E. Goffman, der darauf hinweist,

„dass die meisten Kulturen ausgeprägte Verhaltensrituale für den Fall kennen, dass versehentlich das Gesicht einer Person (oder Gruppe) angegriffen wird: Personen ziehen sich z.B. zurück, wenn sie merken, dass ihre Integrität, ihr Selbstkonzept grundsätzlich in Zweifel gestellt wird; oder es kommt zu vehementen Ablenkungsmanövern, indem quasi scherzend reagiert wird. Wenn sich aber durch das Verhalten einer Partei unglücklicherweise ein Gesichtsangriff nicht mehr ignorieren oder vertuschen lässt, dann gibt es zunächst eine Reihe von Korrekturritualen, zu denen der Gesichtsangreifer mehr oder weniger gezwungen werden kann. Da es sich beim ‚Gesicht' um den ‚heiligsten Besitz' handelt, dauern solche Korrekturrituale in der Regel länger und bestehen aus mehreren ‚moves', um nachdrücklich das verletzte Gleichgewicht wieder herzustellen."[201]

Im Zusammenhang mit der „Demaskierung" der gegnerischen Parteien auf Stufe fünf, die mit einem tiefen Gefühl des Ekels und der Abscheu verbunden ist, zitiert Glasl H. Garfinkel, der darauf verweist, dass sich dieses Ekelgefühl in vielen Kulturen im Ausspeien sowie im Beschmutzen und Besudeln des Gegners äußert. Dieser wird damit öffentlich als unrein und un-

[201] vgl. E. Goffman, 1955, zit. nach F. Glasl, 2004, S. 264

wert gebrandmarkt und es ist gleichzeitig eine symbolhafte Selbstreinigung.[202]

Ebenso wie das Harvard-Modell basiert das Eskalationsmodell von Glasl m.E. auf einer stark westlich geprägten Perspektive. Die grundsätzlichen Stufen einer Konflikteskalation werden, was die Absichten und Empfindungen der Konfliktgegner anbelangt, zwar wahrscheinlich in den verschiedenen Kulturkreisen wieder zu finden sein, aber die Art, wie die Eskalation nach außen gezeigt bzw. bewältigt wird, wird vermutlich unterschiedlich sein. Meines Erachtens werden die größten Unterschiede auf den unteren Konfliktstufen zu finden sein, da hier beispielsweise in kollektivistischeren Kulturen der Fokus mehr auf die Wiederherstellung der Beziehung gelegt wird, in individualistischeren Kulturen mehr auf die Klärung des Sachverhalts. Mit fortschreitender Eskalation wird sich vermutlich vor allem das Verhalten emotional zurückhaltender Kulturen mit indirekter Kommunikation eher in Richtung emotional expressiv verbunden mit direkterer Kommunikation ändern. Dies stellt jedoch lediglich eine Annahme der Autorin dar.

Im nachfolgenden Kapitel werden wissenschaftliche Erkenntnisse zur Konflikteskalation im interkulturellen Kontext betrachtet.

7.2. Eskalation und Deeskalation in interkulturellen Konflikten

Die Dynamik der Konflikteskalation wird im interkulturellen Kontext noch komplexer als im intrakulturellen Kontext. Haumersen und Liebe haben drei wichtige, untereinander stark vernetzte, Faktoren identifiziert, die im interkulturellen Konflikt zusätzlich zum Tragen kommen können.[203]

[202] vgl. H. Garfinkel, 1974, zit. nach F. Glasl, 2004, S. 270

[203] vgl. P. Haumersen/F. Liebe, 2005, S. 74 ff., zit. nach C.-H. Mayer, 2006, S. 57 f.

7.2.1. Einflussfaktoren nach Haumersen/Liebe

a) Kommunikationspsychologisch-strategische Ebene

- Identitätsbildung (kulturell und individuell)
- Hierarchien als Ursache überprüfen
- Einigung auf Konfliktgegenstand

Auf dieser Ebene ist Kultur ein Einflussfaktor neben vielen anderen, die im interkulturellen Kontext eine Rolle spielen. Parallel zur kultur-kollektiven Identität ist hinsichtlich der Identitätsbildung auch die individuelle Identität eine wichtige Komponente im Umgang mit Konflikten. Es ist von außen oft schwer zu beurteilen, welche Persönlichkeitsanteile kulturell oder individuell bedingt sind. Neben persönlichen und kulturellen Unterschieden können auch unterschiedliche hierarchische Strukturen Barrieren schaffen. Kultur kann im Konflikt auch instrumentalisiert werden, indem kulturelle Unterschiede zum eigenen Vorteil betont werden und eventuell zur Machtausdehnung einer Partei dienen. Durch derartige Mechanismen nimmt die Konflikteskalationsdynamik meist zu.

b) Politisch-ideologische Ebene

- Anfälligkeit für Ethnozentrismus
- Vorurteile und Stereotypen als Erklärungsmuster

Auf dieser Ebene erlangt das Phänomen des Ethnozentrismus eine besondere Bedeutung. Jeder Mensch wächst normalerweise mit einer ethnozentristischen Sichtweise auf, die die eigene Kultur über die anderen stellt und sie als höherwertig betrachtet. Dies ändert sich, wenn er Fremderfahrungen macht, differenziert und reflektiert, neue Sichtweisen akzeptiert und eventuell sogar in sein Wertesystem integriert.

Während der kulturellen Sozialisierung entwickeln sich auch Vorurteile und Stereotypen (siehe auch Kapitel 5.5.), die der eigenen Orientierung und Sicherheit im Alltag dienen.

Die Eskalation eines Konfliktes wird voranschreiten, wenn die ethnozentrische Grundhaltung, die Vorurteile und Stereotypen nicht hinterfragt werden, da in diesem Fall aus Individuen Repräsentanten von Kulturen, politischen Gruppen etc. werden. Persönliche Wahrnehmungen und Einzelfallerlebnisse werden stereotypisiert und generalisiert. Der Konfliktgegenstand erhält somit eine politisch-ideologische Dimension.

c) Verhaltensorientierte Ebene

- Verhaltensunsicherheit
- Uneinschätzbarkeit des Gegenübers

In interkulturellen Konflikten fällt es den Parteien oft schwer, die Reaktionen, Verhaltens- und Handlungsweisen des Gegenübers einzuschätzen. Dies führt zu Ängsten und Unsicherheiten und zu Irritationen in der Kommunikation und im verbalen Ausdruck. Die Konflikteskalation kann aus diesem Grund an Dynamik gewinnen.

7.2.2. Eskalationsabläufe nach westlichem und östlichem Muster

Manfred Niedermeyer hat folgende Eskalationsverläufe für westliche und östliche Kulturkreise identifiziert:

Westliches Muster	Östliches Muster
Konflikt ansprechen	Überhören, übersehen
Deutlicher werden	Verniedlichen, gegensteuern
Dramatisieren	Appell an Gemeinsamkeit
Auf Klärung bestehen	Entschärfen: positive Aspekte betonen
Grundsätzlich werden	Alles Positive mobilisieren
Ablehnung/Verweigerung/Beziehungsabbruch	Ablehnung/Verweigerung/Beziehungsabbruch
Person abwerten	Ins Leere laufen lassen, passiver Widerstand
Ironie/Zynismus, Person lächerlich machen	Ironie und Zynismus
Angriffe/Aggressivität	Aggressivität

Quelle: Seminarunterlagen von M. Niedermeyer, Donau-Universität Krems, 2005

Wie bereits vermutet, unterscheidet sich der Ausdruck der Konfliktparteien auf den unteren Stufen sehr stark; mit fortschreitendem Eskalationsverlauf werden sich die Verhaltensweisen in den beiden Kulturkreisen immer ähnlicher.

Da es sich aber auch bei diesem Modell um eine intrakulturelle Betrachtungsweise handelt, wäre es sicher spannend zu untersuchen, inwiefern sich das Verhalten auf den verschiedenen Eskalationsstufen in der interkulturellen Begegnung ändert.

7.2.3. Deeskalation in interkulturellen Konflikten

Bei der Deeskalation in interkulturellen Konflikten sind laut Mayer die Trennung von Sach- und Beziehungsebene und die Vermittlung von Informationen besonders wichtig.[204] Hier drängt sich natürlich wiederum die Frage des ethnozentrischen Blickwinkels auf, da die Trennung von Sach- und Beziehungsebene nur in individualistischen, nicht aber in kollektivistischen Kulturen einen Wert bzw. ein erstrebenswertes Ziel darstellt. Die interkulturelle Kompetenz der Beteiligten spielt in einer eskalierten Konfliktsituation natürlich eine besonders große Rolle. Aber ist ein Einfühlen in eine Person anderskultureller Herkunft gerade in dieser Situation überhaupt möglich, und wenn ja, bis zu welchem Grad? Wie bereits in Kapitel 4.1. besprochen, sind in Konflikten unsere Wahrnehmungsfähigkeit, das Denk- und Vorstellungs- sowie das Gefühls- und Willensleben sehr stark beeinträchtigt und erlauben uns zum Teil nur eine sehr verzerrte Sichtweise der Dinge. Die Schaffung einer empathischen Situation, in der menschliche Gefühle und Bedürfnisse unter Berücksichtigung unterschiedlicher Werteorientierungen mit einbezogen werden, stellt im Konfliktfall eine ganz besondere Herausforderung an die Beteiligten dar.

Aber nicht nur Reflexions- und Einfühlungsvermögen, sondern auch die Kenntnis der bevorzugten Konfliktstile einer Kultur ist für eine erfolgreiche Deeskalation von Bedeutung. Allerdings dürfen auch hier wiederum nicht die Komplexität und Vielfalt der Handlungsmodi einer Person außer Acht gelassen werden: Inwiefern ändert sich gemäß der interaktionistischen Sichtweise das Verhalten der Person im interkulturellen Kontext, bis zu welchem Grad versucht die andere Person mir im Verhalten entgegenzukommen und entsteht dadurch vielleicht eine beidseitige Überanpassung?

In Konflikten mit einem höheren Eskalationsgrad ist m.E. speziell in interkulturellen Konflikten auf die Hilfe eines Vermittlers bzw. eines erfahrenen Mediators zurückzugreifen. Auf einer niederen Eskalationsstufe kann die

---

[204] vgl. C.-H. Mayer, 2006, S. 62

Rücksprache mit anderen, nicht in den Konflikt involvierten, Vertretern der anderen Kultur oft sehr hilfreich sein.

8. Empirische Erhebung

Wie bereits im theoretischen Teil der Arbeit erwähnt, gibt es kaum empirische Studien darüber, inwiefern sich intrakulturelles Konfliktverhalten im Zusammentreffen mit Vertretern anderer Kulturen ändert. Die nachfolgende Befragung dient nicht dem Zweck, gesicherte statistische Erkenntnisse zu liefern, sondern soll persönliche Erfahrungen und Eindrücke der Befragten zu diesem Thema vermitteln.

Der Fragebogen wurde an verschiedene interkulturell gebildete und erfahrene Personen versendet, die hauptsächlich im Trainings- und Beratungsbereich tätig sind. Es wurden dabei Verbindungen zu Sietar Deutschland (www.sietar-deutschland.de) genutzt sowie persönliche Verbindungen der Autorin.

8.1. Aufbau des Fragebogens

Bei der Zusammenstellung des Fragebogens stellten sich zwei große Herausforderungen:

- die Komplexität des Themas
- den Umfang des Fragebogens trotzdem eher gering zu halten.

Der Bereich des Konfliktverhaltens ist hochgradig komplex und umfasst eine große Zahl an Einflussfaktoren. Dies beginnt schon mit der Frage, ob ein Verhalten kulturell oder individuell beeinflusst ist. Die Grenze ist hier oft nicht leicht zu ziehen. Hinzu kommen verschiedene situative Einflussfaktoren, Stimmungen, Vorerfahrungen usw. Es können auch Diskrepanzen zwischen innerer Haltung und nach außen gezeigtem und gesellschaftlich erwartetem Verhalten auftreten. Viele Menschen können z.B. schwer mit Konflikten umgehen und haben innerlich eine eher negative Haltung dazu. Von der Gesellschaft (z.B. deutschsprachiger Raum, USA) wird aber erwartet, Konflikte als Chance zu sehen und sie aktiv anzugehen. Nach außen hin müsste die Frage nach der Einstellung zu Konflikten also mit „eher positiv" beantwortet werden, gemäß der inneren Einstellung aber mit „eher negativ".

Ebenso spielt das Umfeld, in dem der Konflikt sich abspielt, eine große Rolle. Das Verhalten ist unterschiedlich, je nachdem, ob man sich im privaten oder beruflichen Umfeld befindet. Auch Status, Alter, Geschlecht sowie Einstellung und Verhalten des Gegenübers steuern das eigene Verhalten. All diese Faktoren hätten bei den Fragen auch berücksichtigt werden müssen, was aber in diesem kleinen Rahmen unmöglich war.

Es stellte sich auch die Frage, ob eher offene Fragen gestellt werden sollten, um möglichst viele persönliche Eindrücke zu gewinnen, oder ob Antworten vorgegeben werden sollten, um eine bessere Vergleichbarkeit der Ergebnisse zu erzielen. Es entstand eine Mischung, wobei der Einführungsteil der beiden Fragebogenteile aus Fragen mit vorgegebenen Antworten bestand und der zweite Teil aus offenen Fragen.

Teil 1 des Fragebogens besteht aus insgesamt sechs Fragen: vier mit vorgegebenen Antworten und zwei offenen. Er dient dazu, das intrakulturelle Konfliktverhalten zu erheben.

Teil 2 des Fragebogens besteht aus neun Fragen und zielt auf das interkulturelle Konfliktverhalten zwischen zwei definierten Kulturen ab. Teil 2 besteht aus vier Fragen mit vorgegebenen Antworten und vier offenen Fragen. Die letzte Frage bezieht sich auf persönliche Angaben des Befragten.

Der gesamte Fragebogen ist im Anhang der Arbeit zu finden.

8.2. Ergebnisse des Fragebogens

8.2.1. Thailand bzw. Thailand/Österreich

Teil 1: Thailand

Bewertung der Konflikte: *eher negativ*

Tieferer Zweck der Konfliktlösung: *Wiederherstellung der Harmonie*

Präferierte Verhaltensweisen zur Konfliktlösung:

- *Vermeidung: Konflikt wird verleugnet oder ignoriert*
- *Macht: Konfliktlösung durch Eingriff von Autoritätsperson o.ä.*
- *Gesichtswahrung: man ist bemüht, in einem Konflikt vor allem das Gesicht des anderen zu wahren*
- *Gesichtswahrung: man ist bemüht, in einem Konflikt vor allem sein eigenes Gesicht zu wahren.*
- *Der Schwerpunkt der Konfliktregelung liegt auf der Beziehungsebene*

Macht:

- Wie zeigt sich Macht in Konflikten?
  Personen mit Autorität (Status, Alter, Position) haben immer recht und es darf ihnen nicht offen widersprochen werden. Teilweise wird Kritik dann indirekt in Form von „widerwilliger Pflichterfüllung" geäußert.
- Welche Herausforderungen und Erwartungen werden im Konfliktfall mit einer bestimmten Machtposition verknüpft?
  Machtposition bedeutet, die Person muss wissen, was zu tun ist (Untergeordnete erwarten nicht nur, dass der Chef eine Antwort hat, sondern auch, dass diese Antwort die Standpunkte des gesamten Teams mit einbezieht. Führungsrolle = Vater, Vorgesetzter, Beschützer...)

- Welche Machtmittel gelten in den jeweiligen Kulturen zur Lösung eines Konfliktes als legitim?
  Durchsetzen der eigenen Meinung des Vorgesetzten (was ich sage, wird gemacht), indirekte, unterschwellige Kritik der Mitarbeiter (siehe oben).

Wann wird ein Konflikt als gelöst und beendet betrachtet?
??? schwer zu sagen, Asiaten sind harmoniebedürftig und Störung der Harmonie (=Konflikt) wird vermieden, aber nicht vergessen (man erinnert sich daran, wer sich wie verhalten hat).

Teil 2: Thailand/Österreich

Auf welcher Ebene wurden die Verhaltensweisen beobachtet: *Individuell*

In welchem Lebensbereich wurde das Verhalten beobachtet: *Arbeit*

Mögliche kulturelle Ursachen des Konfliktes:
- *Wahrnehmung*
- *Kommunikation: verbales Verhalten, nonverbales Verhalten (Blickverhalten, Mimik, Gestik etc.), paraverbales Verhalten (Lautstärke, Intonation, Sprechgeschwindigkeit)*
- *Unterschiedliche Werte*
- *Macht- und Hierarchieverständnis*

Beschreibung der Konfliktsituation und eventueller Verhaltensänderungen:
Thema: Dokumente für das Wissenschaftsministerium in Thailand fertig stellen und einreichen
Personen:
Anna[205], Associate Dean und Programmverantwortliche, 35 Jahre
Frau X, Thai Academic Advisor, hat lange Jahre Erfahrung mit Ministerium, ca. 65 Jahre

---

[205] Name geändert

Anna hat alle Dokumente für ihr Programm vorbereitet, mit mehreren Personen abgesprochen (auch mit Frau X), ist auf eigene Initiative zum Ministerium gefahren und hat mit der dortigen Ansprechperson alle Formulare ausgefüllt und besprochen und legt nun die „fertigen Dokumente" Frau X für eine letzte Durchsicht vor, bevor sie offiziell eingereicht werden.

Frau X ist mit der Form und der Art und Weise, wie die Formulare ausgefüllt wurden nicht einverstanden und bringt viele Anregungen ein – sehr freundlich und als Ratschlag.
Anna ist leicht verärgert (innerlich) und wendet daher möglichst sachlich ein, dass ja ohnehin schon alle Dokumente mit mehreren Personen (inkl. Frau X) abgesprochen wurden und sogar mit der zuständigen Person im Ministerium abgestimmt sind („sachlich, zielorientiertes Verhalten").
Frau X beharrt darauf, dass die Dokumente nicht richtig ausgefüllt sind und die Person im Ministerium nicht diejenige ist, die endgültig entscheidet und daher ihre Meinung nicht zählt.
Anna argumentiert (sachlich) weiter (siehe oben).
Frau X ist leicht irritiert und beharrt auf ihrer Meinung, verweigert aber gleichzeitig ihre Hilfe bei der Umarbeitung der Dokumente („I am not a secretary") – alles immer noch sehr „freundlich".
Anna ist wirklich verärgert (innerlich) und erkennt aber, dass es sich hier um einen „Hierarchiekonflikt" und nicht eine sachliche Begründung handelt, lenkt daher ein und bittet Frau X gleichzeitig um ihre Unterstützung bei der Umarbeitung und macht selbst den ersten Schritt dazu.
Letztlich arbeiten beide gemeinsam die Dokumente um und das Thema ist gelöst.

Eindruck von Frau X: Anna ist „stubborn" und wahrscheinlich für Thai Verhältnisse zu eigeninitiativ, zu wenig „obrigkeitshörig" und respektlos, gleichzeitig aber „bewundernswert für ihren Einsatz" (das gilt aber nur, weil Anna Ausländerin ist, wäre bei Thai-Mitarbeitern nicht so positiv bewertet)
Eindruck von Anna: Frau X wirkt sehr international, weil sie englisch und französisch spricht und sehr kompetent ist, sie ist aber gleichzeitig inner-

lich sehr „Thai bürokratisch und hierarchiebewusst" und hat sich in diesem Fall übergangen gefühlt (weil Anna direkt mit dem Ministerium sprach, obwohl Frau X doch die kompetente Person dafür ist).

Kommt die Verhaltensänderung tendenziell im Zusammentreffen mit anderen Kulturen zum Tragen oder ist sie auf die spezielle Situation bzw. die individuelle Disposition zurückzuführen?
Konflikte zwischen Thais und Ausländern laufen anders ab als Thai Konflikte, wenn die Thais und Ausländer interkulturelle Erfahrung haben (also ihr eigenes Verhalten und das der anderen reflektieren können).

Wenn obige Situation zwischen 2 Thais abgelaufen wäre, dann hätte sie so nicht stattgefunden, weil ein Thai Associate Dean niemals widersprechen würde und mehr an die Person (Frau X) als an die Sache (richtiges Ausfüllen der Dokumente) glauben würde.

Kommt die Verhaltensänderung nur im Zusammentreffen dieser beiden Kulturen vor oder verläuft sie auch im Zusammentreffen mit anderen Kulturen so oder ähnlich?
Thais haben gegenüber westlichen Ausländern tendenziell eine sehr positive Einstellung, daher ist diese Reaktion auch mit anderen westlichen (direkten, sachlichen) Kulturen denkbar.

Tritt in bestimmten Situationen eine stärkere Verhaltensänderung auf?
Je persönlich wichtiger eine Angelegenheit erscheint (egal ob beruflich oder privat), umso schwieriger ist es, Verhalten an die andere Kultur anzupassen (was eigentlich kontraproduktiv ist).

Persönliche Angaben:

Herkunftsland:	*Österreich*
Derzeitiges Aufenthaltsland:	*Thailand*
Berufliche Tätigkeit:	*Associate Dean, Business Faculty (Managementfunktion)*

Alter: *31-40*
Geschlecht: *weiblich*
Höchste abgeschlossene Ausbildung: *Universität/Fachhochschule*

8.2.2. Großbritannien bzw. Großbritannien/Deutschland

Teil 1: Großbritannien

Bewertung der Konflikte: *Eher negativ*

Tieferer Zweck der Konfliktlösung: *Wiederherstellung der Harmonie*

Präferierte Verhaltensweisen zur Konfliktlösung:

- *Vermeidung: Konflikt wird verleugnet oder ignoriert*
- *Vermittlung: Hinzuziehen einer schlichtenden Person*
- *Gruppenkonsens: Gruppe erarbeitet Idee zur Konfliktlösung und trägt Entscheidung gemeinsam*
- *Gesichtswahrung: man ist bemüht, in einem Konflikt vor allem das Gesicht des anderen zu wahren*
- *Der Schwerpunkt der Konfliktregelung liegt auf der Beziehungsebene*
- *Kompromissbereitschaft*

Macht:

- Wie zeigt sich Macht in Konflikten?
  Hierarchie setzt sich durch. Macht wird ausgeübt, auch wenn dabei gleichzeitig die Kommunikation indirekt ist.
- Welche Herausforderungen und Erwartungen werden im Konfliktfall mit einer bestimmten Machtposition verknüpft?
  Keine Angaben.
- Welche Machtmittel gelten in den jeweiligen Kulturen zur Lösung eines Konfliktes als legitim?
  Position, Status geht vor.

Wann wird ein Konflikt als gelöst und beendet betrachtet?
Wenn die Beziehung weiter funktioniert. Die Sachebene ist dabei zweitrangig.

Teil 2: Großbritannien/Deutschland

Auf welcher Ebene wurden die Verhaltensweisen beobachtet: *Individuell*

In welchem Lebensbereich wurde das Verhalten beobachtet: *Arbeit*

Mögliche kulturelle Ursachen des Konfliktes:

- *Wahrnehmung*
- *Kommunikation: verbales Verhalten, nonverbales Verhalten (Blickverhalten, Mimik, Gestik etc.), paraverbales Verhalten (Lautstärke, Intonation, Sprechgeschwindigkeit)*
- *Ausdruck von Emotionen*
- *Unterschiedliche Werte*
- *Macht- und Hierarchieverständnis*
- *Stereotypen und Vorurteile*

Beschreibung der Konfliktsituation und eventueller Verhaltensänderungen:
Es handelt sich um einen Konflikt zwischen einem britischen Mitarbeiter und einem deutschen Vorgesetzten. Der deutsche Vorgesetzte war bemüht, dem neuen Mitarbeiter seine Ziele und Vorstellungen in der Zusammenarbeit klar zu artikulieren. Aufgrund der klaren, direkten Kommunikation kam dieses Verhalten als ‚Befehlston' rüber. Da es sich in der britischen Businesskultur verbietet, ein direktes offenes Feedback bei einem so störenden Verhalten zu geben, hat der Mitarbeiter nichts gesagt, ging aber davon aus, es sei ihm doch anzumerken, dass das Verhalten des Vorgesetzten stört. Der Mitarbeiter wunderte sich, warum seine diplomatischen Formulierungen keine Wirkung gezeigt haben. Der deutsche Chef fragte sich, wieso kann der Brite nicht sagen, was er will? So verlief die Kommunikation schön aneinander vorbei. Nach mehreren Wochen, als der Mitarbeiter es nicht mehr ausgehalten hat, hat er energisch und vehement vor

lauter Wut und Verzweiflung in aller Deutlichkeit laut dem Chef die Meinung gesagt. Zu seiner Verwunderung war der Chef nicht verärgert über diesen „unverschämten Wutausbruch", sondern eher froh, dass der britische Mitarbeiter endlich mal äußert, was er denkt.

Kommt die Verhaltensänderung tendenziell im Zusammentreffen mit anderen Kulturen zum Tragen oder ist sie auf die spezielle Situation bzw. die individuelle Disposition zurückzuführen?
Keine Angaben

Kommt die Verhaltensänderung nur im Zusammentreffen dieser beiden Kulturen vor oder verläuft sie auch im Zusammentreffen mit anderen Kulturen so oder ähnlich?
Keine Angaben

Tritt in bestimmten Situationen eine stärkere Verhaltensänderung auf?
Keine Angaben

Persönliche Angaben:
Keine

8.2.3. Frankreich bzw. Frankreich/Deutschland

Teil 1: Frankreich

Bewertung der Konflikte:	*Eher negativ*
Tieferer Zweck der Konfliktlösung:	*Wiederherstellung der Harmonie*

Präferierte Verhaltensweisen zur Konfliktlösung:

- *Zurückdrängung: Handlungen zur Unterdrückung des Konfliktes*
- *Macht: Konfliktlösung durch Eingriff von Autoritätsperson o.ä.*
- *Vermittlung: Hinzuziehen einer schlichtenden Person*

- *Gesichtswahrung: man ist bemüht, in einem Konflikt vor allem sein eigenes Gesicht zu wahren.*
- *Der Schwerpunkt der Konfliktregelung liegt auf der Beziehungsebene*
- *Kompromissbereitschaft (zum Teil)*
- *Verharren auf Standpunkten*

Macht:

- Wie zeigt sich Macht in Konflikten?
  Machthöhere Personen werden insofern gerne einbezogen, dass sie jeder involvierten Person ermöglichen, das eigene Gesicht zu wahren. Autorität bedeutet dann, einen Referenzpunkt von außen geben.
- Welche Herausforderungen und Erwartungen werden im Konfliktfall mit einer bestimmten Machtposition verknüpft?
  Weiß ich nicht.
- Welche Machtmittel gelten in den jeweiligen Kulturen zur Lösung eines Konfliktes als legitim?
  Es hängt sehr von der Struktur ab, in der der Konflikt sich abspielt. Die Meinung einer mächtigeren Person kann zur Beendigung des Konflikts herangezogen werden. Wenn die Konflikt-Personen selber zu Machtmitteln greifen können, werden gerne Fakten geschaffen, die die eigene Position festigen. Dabei sind Schnelligkeit und Cleverness positiv bewertet.

Wann wird ein Konflikt als gelöst und beendet betrachtet?
Wenn die Parteien in der Lage sind, weiter zu handeln – im Zweifelsfall auch wenn die Sachlage nicht geklärt ist, sondern die Positionen weiterhin konträr sind (Dissens-Fähigkeit)

Teil 2: Frankreich/Deutschland

Auf welcher Ebene wurden die Verhaltensweisen beobachtet: *Kleingruppe*

In welchem Lebensbereich wurde das Verhalten beobachtet: *Arbeit*

Mögliche kulturelle Ursachen des Konfliktes:

- *Wahrnehmung*
- *Kommunikation: verbales Verhalten, nonverbales Verhalten (Blickverhalten, Mimik, Gestik etc.), paraverbales Verhalten (Lautstärke, Intonation, Sprechgeschwindigkeit)*
- *Unterschiedliche Werte*
- *Macht- und Hierarchieverständnis*
- *Umgang mit Zeit*
- *Umgang mit Raum und Distanz (körperliche Nähe, privater/öffentlicher Raum)*
- *Stereotypen und Vorurteile (zum Teil)*

Beschreibung der Konfliktsituation und eventueller Verhaltensänderungen:
In einem deutschen Groß-Handelsunternehmen der Medien- und IT-Branche verantwortet eine französische Mitarbeiterin ein Projekt, das die europäischen Töchter einbezieht. Das Projekt involviert mehrere Bereiche im Mutterhaus sowie im Ausland.
Die Französin hat zusätzlich zur Projektleitung Abteilungsaufgaben, die das Europa-Exportgeschäft betreffen. Für diese Aufgaben ist sie ursprünglich 2 Monate davor eingestellt worden. Da sie ihre Arbeit sehr gut gemacht hat, wurde ihr die Projektleitung übertragen. Ihr Chef ist der obersten Geschäftsleitung direkt unterstellt.
Beim Erarbeiten der nächsten Projektschritte merkt die Mitarbeiterin, dass manche Prozesse einer anderen Abteilung modifiziert werden könnten, damit das Auslandsgeschäft leichter abgewickelt werden kann.
Sie geht zu dem dafür zuständigen Kollegen aus der anderen Abteilung und bittet ihn um etwas Zeit. Sie setzen sich zusammen, sie erklärt ihre Analyse der Situation und unterbreitet Ideen für die Verbesserung der Prozesse.
Der deutsche Kollege scheint sich zu wundern, fragt mehrmals nach, wieso sie mit diesen Vorschlägen zu ihm kommt. Während der Diskussion beobachtet sie, dass ihr Kollege nach der Verwunderung etwas genervt wirkt. Sie schlägt dann vor, dass sie ihre Diskussion in zwei Tagen mit mehr Ruhe und nach ein bisschen Überlegung fortsetzen. Der Kollege sagt: "Von mir aus..."

Einen Tag später wird die französische Mitarbeiterin von ihrem Chef angesprochen. Er möchte wissen, wieso sie an den Prozessen anderer Abteilungen arbeitet, statt sich auf ihr Projekt zu konzentrieren. Sie versucht die Zusammenhänge, die sie inhaltlich sieht zu erläutern und erklärt, es scheint ihr sinnvoll etwas zu verbessern, wenn es durch ihre Arbeit am Projekt deutlich wird, dass der jetzige Zustand für die ausländischen Töchter und Handelspartner nicht zufriedenstellend ist und zu Verzögerungen führt.
Ihr Chef bestätigt diese Aussage, macht ihr aber sehr deutlich, dass ihr Kollege - und dessen Chef - ihre Initiative als Einmischung betrachten. In Zukunft, so wird sie gebeten, soll sie sich zunächst an ihn wenden, bevor sie in andere Abteilungen geht. ©[206]

Die Verhaltensänderungen bestehen darin, dass der deutsche Kollege auf die nächste Ebene gegangen ist (was ein französischer Kollege sehr wahrscheinlich nicht getan hätte). Den Grund dafür sehe ich in dem Gefühl des „Gestört Seins". Die Initiative der Kollegin wird sehr stark als Einmischung in Abläufe empfunden. Ein französischer Kollege hätte in dem Angebot der Kollegin eine Möglichkeit gesehen, gemeinsam einen guten Vorschlag zu erarbeiten und dabei sich auch mitprofilieren zu können.
Die andere Verhaltensänderung ist die Kündigung der Kollegin. Sie sieht keine Möglichkeit der Entwicklung in einem Umfeld, das ihr keine Initiative ermöglicht.

Kommt die Verhaltensänderung tendenziell im Zusammentreffen mit anderen Kulturen zum Tragen oder ist sie auf die spezielle Situation bzw. die individuelle Disposition zurückzuführen?
Die erste „Verhaltensänderung" ist mehr ein Verhalten, das von der französischen Erwartung abweicht.
Die 2. ist sicherlich aufgrund von interkulturellen Gegebenheiten nicht aufzulösen gewesen.

---

[206] © Isabelle Demengeat

Kommt die Verhaltensänderung nur im Zusammentreffen dieser beiden Kulturen vor oder verläuft sie auch im Zusammentreffen mit anderen Kulturen so oder ähnlich?
Vor allem mit der deutschen Kultur aber auch mit allen Kulturen, die Aufgaben und Sachorientierung einen größeren Stellenwert geben.

Tritt in bestimmten Situationen eine stärkere Verhaltensänderung auf?
Keine Angaben.

<u>Persönliche Angaben:</u>

Herkunftsland:	*Frankreich*
Derzeitiges Aufenthaltsland:	*Deutschland / Schweiz*
Berufliche Tätigkeit:	*Trainerin*
Alter:	*41-50*
Geschlecht:	*weiblich*
Höchste abgeschlossene Ausbildung:	*Universität/Fachhochschule*

8.2.4. China bzw. China/Deutschland

<u>Teil 1: China</u>

Bewertung der Konflikte: *Eher negativ*

Tieferer Zweck der Konfliktlösung: *Wiederherstellung der Harmonie*

Präferierte Verhaltensweisen zur Konfliktlösung:
- *Vermeidung: Konflikt wird verleugnet oder ignoriert*
- *Macht: Konfliktlösung durch Eingriff von Autoritätsperson o.ä.*
- *Vermittlung: Hinzuziehen einer schlichtenden Person*
- *Gesichtswahrung: man ist bemüht, in einem Konflikt vor allem das Gesicht des anderen zu wahren*
- *Gesichtswahrung: man ist bemüht, in einem Konflikt vor allem sein eigenes Gesicht zu wahren.*

- *Der Schwerpunkt der Konfliktregelung liegt auf der Beziehungsebene*

Macht:

- Wie zeigt sich Macht in Konflikten?
  Autorität
- Welche Herausforderungen und Erwartungen werden im Konfliktfall mit einer bestimmten Machtposition verknüpft?
  Man erwartet, dass man der Person mit höherer Hierarchiestufe gehorsam ist.
- Welche Machtmittel gelten in den jeweiligen Kulturen zur Lösung eines Konfliktes als legitim?
  Anweisung und Befehle.

Wann wird ein Konflikt als gelöst und beendet betrachtet?
Wenn es nicht mehr nach außen gezeigt wird.

Teil 2: China/Deutschland

Auf welcher Ebene wurden die Verhaltensweisen beobachtet: *Nationalkulturelle Ebene*

In welchem Lebensbereich wurde das Verhalten beobachtet: *Arbeit*

Mögliche kulturelle Ursachen des Konfliktes:
Wahrnehmung

Beschreibung der Konfliktsituation und eventueller Verhaltensänderungen:
Ein deutscher Mitarbeiter wollte zur Diskussion bei einem Teammeeting der Firma beitragen und hat Bedenken über einen Vorschlag von einem chinesischen Kollegen geäußert. Der chinesische Kollege hat sehr gereizt darauf reagiert und hat das Verhalten sehr persönlich genommen.

Der Unterschied zum intrakulturellen Bereich liegt dran, dass im intrakulturellen (also deutschen Umfeld) Bereich das Verhalten rein auf der Sachebene gehalten wird, also nicht auf der persönlichen Ebene.

Kommt die Verhaltensänderung tendenziell im Zusammentreffen mit anderen Kulturen zum Tragen oder ist sie auf die spezielle Situation bzw. die individuelle Disposition zurückzuführen?
Die oben genannte Situation ist leider kein Einzelfall.

Kommt die Verhaltensänderung nur im Zusammentreffen dieser beiden Kulturen vor oder verläuft sie auch im Zusammentreffen mit anderen Kulturen so oder ähnlich?
Solche Verhalten kommen fast immer vor, auch wenn es ein rein chinesischer Konflikt ist.

Tritt in bestimmten Situationen eine stärkere Verhaltensänderung auf?
Nein. Es gibt in China kaum Trennung zwischen beruflich und privat.

Persönliche Angaben:

Herkunftsland:	*China*
Derzeitiges Aufenthaltsland:	*Deutschland*
Berufliche Tätigkeit:	*Beraterin/Trainerin in interkultureller Kommunikation*
Alter:	*31-40*
Geschlecht:	*weiblich*
Höchste abgeschlossene Ausbildung:	*Universität/Fachhochschule*

8.2.5. Tschechien bzw. Tschechien/Deutschland

Teil 1: Tschechien

Bewertung der Konflikte: *Eher negativ*

Tieferer Zweck der Konfliktlösung: *Wiederherstellung der Harmonie*

Präferierte Verhaltensweisen zur Konfliktlösung:

- *Vermeidung: Konflikt wird verleugnet oder ignoriert*
- *Gesichtswahrung: man ist bemüht, in einem Konflikt vor allem das Gesicht des anderen zu wahren*
- *Der Schwerpunkt der Konfliktregelung liegt auf der Beziehungsebene*

Kommentare: *Konflikte werden als etwas Negatives aufgefasst, direkt wird der Konflikt meistens nicht angesprochen, zur Konfliktlösung wird meist ein 4-Augen-Gespräch gesucht, nur in Ausnahmefällen wird ein Mediator hinzugeholt.*

Macht:
Tschechische Firmen (wenn auch mittlerweile stark von westlichem Management beeinflusst) sind sehr hierarchisch geprägt, Konflikte von unten nach oben werden nie offen ausgetragen, wobei von oben nach unten aber oft sehr offen Unzufriedenheit geäußert wird.

Wann wird ein Konflikt als gelöst und beendet betrachtet?
Wenn Harmonie zwischen Beteiligten wiederhergestellt wurde

Teil 2: Tschechien/Deutschland

Auf welcher Ebene wurden die Verhaltensweisen beobachtet: *Kleingruppe*

In welchem Lebensbereich wurde das Verhalten beobachtet: *Arbeit*

Mögliche kulturelle Ursachen des Konfliktes:

- *Umgang mit Zeit*
- *Stereotypen und Vorurteile*

Beschreibung der Konfliktsituation und eventueller Verhaltensänderungen:
Deutsche mussten lernen, dass Konflikte in Tschechien sehr viel subtiler ausgetragen werden, hingegen haben Tschechen festgestellt, dass Deutsche Konflikte offen ansprechen und diese als Chance begreifen. Deutsche haben sich insofern geändert, als dass sie viel vorsichtiger bei Äußerung von Kritik wurden. Die Tschechen wiederum verstanden, dass Kritik bei Deutschen nicht als Angriff zu verstehen ist, sondern ein Mittel ist, um Probleme zu lösen.

Kommt die Verhaltensänderung tendenziell im Zusammentreffen mit anderen Kulturen zum Tragen oder ist sie auf die spezielle Situation bzw. die individuelle Disposition zurückzuführen?
Keine Angaben

Kommt die Verhaltensänderung nur im Zusammentreffen dieser beiden Kulturen vor oder verläuft sie auch im Zusammentreffen mit anderen Kulturen so oder ähnlich?
Keine Angaben

Tritt in bestimmten Situationen eine stärkere Verhaltensänderung auf?
Keine Angaben

Persönliche Angaben:

Keine

8.2.6. England bzw. England/Deutschland

Teil 1: England

Bewertung der Konflikte: *Eher negativ*

Tieferer Zweck der Konfliktlösung: *Klärung des Sachverhalts*

Präferierte Verhaltensweisen zur Konfliktlösung:

- *Vermeidung: Konflikt wird verleugnet oder ignoriert*
- *Zurückdrängung: Handlungen zur Unterdrückung des Konfliktes*
- *Gesichtswahrung: man ist bemüht, in einem Konflikt vor allem das Gesicht des anderen zu wahren*
- *Gesichtswahrung: man ist bemüht, in einem Konflikt vor allem sein eigenes Gesicht zu wahren.*
- *Der Schwerpunkt der Konfliktregelung liegt auf der Sachebene*
- *Kompromissbereitschaft*
- *Win-Win-Orientierung*

Kommentare: *Wie bei Frage 3 habe ich hier das Problem, dass mit Konflikten anders bei der Arbeit umgegangen wird als in der Familie. Meine Antworten beziehen sich hauptsächlich auf berufliche Situationen. Wie offen über Konflikte gesprochen wird, ist sehr unterschiedlich, da es von der* company culture *abhängt.*

Macht:

- Wie zeigt sich Macht in Konflikten?
  Sie braucht sich normalerweise nicht zu zeigen, sie ist implizit.
- Welche Herausforderungen und Erwartungen werden im Konfliktfall mit einer bestimmten Machtposition verknüpft?
  Wenn der Gegner in einem Konfliktfall Macht hat, hofft man zumindest, dass er für Argumente offen ist.

- Welche Machtmittel gelten in den jeweiligen Kulturen zur Lösung eines Konfliktes als legitim?
  Leise Sachlichkeit ist gefragt.

Wann wird ein Konflikt als gelöst und beendet betrachtet?
Unter Gleichgestellten dann, wenn alle dies ausdrücklich sagen. Wenn einer der Beteiligten die Übermacht hat, gilt es als vorübergehend beendet, wenn er ein Machtwort spricht, auch wenn andere darin keine Lösung sehen.

Teil 2: England/Deutschland

Auf welcher Ebene wurden die Verhaltensweisen beobachtet: *Individuell*

In welchem Lebensbereich wurde das Verhalten beobachtet: *Privat*

Mögliche kulturelle Ursachen des Konfliktes:
- *Wahrnehmung*
- *Unterschiedliche Werte*
- *Genderzugehörigkeit*
- *Stereotypen und Vorurteile*
- *andere: Alter, Herkunft (Stadt/Land)*

Beschreibung der Konfliktsituation und eventueller Verhaltensänderungen:
Ehemann (Deutscher, ländlich aufgewachsen) nervt mit Überreaktion auf Verhaltensweisen der jüngeren Generation, die er als „schludrig“ und „rücksichtslos“ empfindet, Ehefrau (Engländerin, Großstadtkind) findet viele dieser „modernen Untugenden“ völlig normal und lehnt die ewige Nörgelei ab, wechselt also das Thema mit dem Hinweis, dass sie diese Sichtweise nicht teilt. Dies ist für den Ehemann keine Lösung, denn für ihn ist es das höchste Ziel, dass man nicht nur seine Meinung, sondern auch die Begründung dafür akzeptiert. Die Ehefrau sucht eine win-win Lösung, die am häufigsten zustande kommt, wenn ein Themenwechsel erfolgt und der Ehegatte fünf Minuten später von allein auf die Idee kommt, dass er

ungerecht gesprochen hat (wobei er nicht unbedingt Unrecht hatte). Dann ist nach englischem Idealbild die Harmonie wieder hergestellt. Auf der Sachebene gibt es eh' keine Lösung, denn zwei ältere Leute in einer deutsch-britischen Ehe können nicht das Verhalten der ganzen jungen Generation ändern. Aber vielleicht gibt es auch keinen echten Konflikt, denn eigentlich findet sie, dass er Recht hat, nur er hat nicht das Recht, so zu sprechen.
Ich denke, es geht um den kulturellen Unterschied, was implizit/explizit, direkt/indirekt angeht. Auf jeden Fall ändert keiner sein Verhalten grundlegend. Die Ehefrau allerdings durchschaut die interkulturelle Komponente des Konfliktes und verhindert meist erfolgreich eine Eskalation.

Kommt die Verhaltensänderung tendenziell im Zusammentreffen mit anderen Kulturen zum Tragen oder ist sie auf die spezielle Situation bzw. die individuelle Disposition zurückzuführen?
In diesem Fall handelt sich um zwei ausgeprägte Exemplare! In beiden Fällen entsprechen Erziehung und Temperamentslage den jeweiligen kulturellen Tendenzen. Immerhin gibt es sowohl sehr direkte Engländer als auch recht harmoniebedürftige und diplomatische Deutsche.

Kommt die Verhaltensänderung nur im Zusammentreffen dieser beiden Kulturen vor oder verläuft sie auch im Zusammentreffen mit anderen Kulturen so oder ähnlich?
Ich denke, es gibt Kulturen, in denen der Ehemann sich nicht so konfrontativ benehmen würde wie der deutsche Ehemann, so dass die Ehefrau nicht so viel Diplomatie anwenden müsste.

Tritt in bestimmten Situationen eine stärkere Verhaltensänderung auf?
Ich benehme mich nach fast 40 Jahren in Deutschland gerade in Konfliktsituationen beruflich wie privat unverändert „britisch". Im Berufsleben kam mir das immer zugute, weil ich für meine „diplomatische Art" respektiert wurde. Privat ist so eine Taktik nicht immer zu empfehlen, da im echten Konfliktfall offensichtlich mehr nach „Aussprache" und Spannungsabbau gesucht wird.

Persönliche Angaben:

Herkunftsland: *England*
Derzeitiges Aufenthaltsland: *Deutschland*
Berufliche Tätigkeit: *Hochschullehrerin*
Alter: *61 oder älter*
Geschlecht: *weiblich*
Höchste abgeschlossene Ausbildung: *Universität/Fachhochschule*

8.2.7. Brasilien bzw. Brasilien/Deutschland

Teil 1: Brasilien

Bewertung der Konflikte: *Eher negativ*

Tieferer Zweck der Konfliktlösung: *Wiederherstellung der Harmonie*

Präferierte Verhaltensweisen zur Konfliktlösung:

- *Zurückdrängung: Handlungen zur Unterdrückung des Konfliktes*
- *Vermittlung: Hinzuziehen einer schlichtenden Person*
- *Gruppenkonsens: Gruppe erarbeitet Idee zur Konfliktlösung und trägt Entscheidung gemeinsam*
- *Gesichtswahrung: man ist bemüht, in einem Konflikt vor allem das Gesicht des anderen zu wahren*
- *Der Schwerpunkt der Konfliktregelung liegt auf der Beziehungsebene*
- *Kompromissbereitschaft*
- *Win-Win-Orientierung*

Macht:

- Wie zeigt sich Macht in Konflikten?
  Im beruflichen Kontext sehr wichtig, da gerade Konfliktlösungen von dem Leitenden erwartet werden. Im Privaten ist es bedingt vorhanden, also nur dort, wo der soziale Status der Betroffenen wesentlich unterschiedlich ist.

- Welche Herausforderungen und Erwartungen werden im Konfliktfall mit einer bestimmten Machtposition verknüpft?
  Dass die stärkere Position eine Lösung vorgibt.
- Welche Machtmittel gelten in den jeweiligen Kulturen zur Lösung eines Konfliktes als legitim?
  „Väterliches Zur-Seite-Nehmen", Deeskalation durch Umstrukturierung (Schaffung zumindest räumlicher Distanz zwischen den Parteien)

Wann wird ein Konflikt als gelöst und beendet betrachtet?
Wenn in der Gruppe wieder gelacht werden kann. Dies steht dafür, dass der Konflikt an sich nicht mehr negativ auf die Stimmung Einfluss nehmen kann. Er kann aber noch immer existieren, also dass z.B. Detailfragen ungelöst sind. Diese „sollen sich dann von alleine" lösen.

Teil 2: Brasilien/Deutschland

Auf welcher Ebene wurden die Verhaltensweisen beobachtet:
- *Individuell*
- *Kleingruppe*
- *Bestimmte gesellschaftliche Schicht*

In welchem Lebensbereich wurde das Verhalten beobachtet:
- *Arbeit*
- *Privat*

Mögliche kulturelle Ursachen des Konfliktes:
- *Kommunikation: verbales Verhalten, nonverbales Verhalten (Blickverhalten, Mimik, Gestik etc.), paraverbales Verhalten (Lautstärke, Intonation, Sprechgeschwindigkeit)*
- *Ausdruck von Emotionen*
- *Unterschiedliche Werte*
- *Macht- und Hierarchieverständnis*

- *Umgang mit Raum und Distanz (körperliche Nähe, privater/öffentlicher Raum)*
- *Stereotypen und Vorurteile*

Beschreibung der Konfliktsituation und eventueller Verhaltensänderungen: *Der Deutsche mit kurzer Aufenthaltsdauer (D1) hatte ein Bild vom Verhalten in Brasilien, was sehr mit „Überschwang", „Lautstärke" etc. verbunden war. Dadurch fiel er z.B. in der U-Bahn negativ auf und wurde von der ihn begleitenden Gruppe aus Brasilianern und Deutschen mit längerer Aufenthaltsdauer mit einigen Randbemerkungen darauf hingewiesen. In den ersten Tagen reagierte er nicht darauf, was zur Distanzierung einiger, speziell Brasilianer, führte. Ein leitender Mitarbeiter des beruflichen Umfeldes des D1 schlug den gemeinsamen Besuch einer Diskothek vor. Den anderen Gruppenmitgliedern, Brasilianern wie Deutschen, gegenüber meinte er, dass man sich dort „richtig austoben" könnte. Dies war als Anspielung auf das Verhalten des D1 gemeint; zumindest verstanden es die Gruppenmitglieder so und äußerten es entsprechend in Gesprächen untereinander (in Abwesenheit des D1). Der Besuch der Diskothek hatte zufälligerweise zur Folge, dass D1 eine Asia-Brasilianerin (A) kennen lernte und mit dieser Person eine intensive Beziehung anfing. In der Folgezeit war er zum einen sehr auf A fixiert und sprach gegenüber den anderen Gruppenmitgliedern fast nur über sie, zum anderen nahmen die Gruppenmitglieder von ihnen als angenehm bewertete Verhaltensveränderungen des D1 wahr. D1 wurde ruhiger, freundlicher und trug durch Vorschläge zu gemeinsamen Aktivitäten zur gruppeninternen Harmonie bei. D1 trennte sich nach ca. 6 Monaten von A, sein allgemein ruhigeres Verhalten blieb aber unverändert. Die Gruppenmitglieder waren sich in Gesprächen untereinander einig, dass die Wesensveränderung des D1 auf die Bekanntschaft mit der A zurückzuführen sein musste, da diese Veränderung abrupt und unmittelbar nach dem Kennen lernen stattfand.*

Kommt die Verhaltensänderung tendenziell im Zusammentreffen mit anderen Kulturen zum Tragen oder ist sie auf die spezielle Situation bzw. die individuelle Disposition zurückzuführen?

Sicherlich war eine Mischung beider Bereiche Grund für die beschriebene Verhaltensveränderung. Was ebenfalls hinzukam, war die Rolle der Sexualität und Erotik, die sicherlich einen starken Wirkungshebel innehatte.

Kommt die Verhaltensänderung nur im Zusammentreffen dieser beiden Kulturen vor oder verläuft sie auch im Zusammentreffen mit anderen Kulturen so oder ähnlich?
Ich denke, dass solche Verhaltensänderungen generell ablaufen können. Dazu gibt es sicherlich einige Erhebungen aus dem Bereich der (universitären) Auslandsaufenthalte. In Studentenwohnheimen und –clubs treffen oft viele Kulturen aufeinander und die Zahl der bi-kulturellen Paare ist auch recht hoch. Bei solchen Prozessen kann es sicherlich sein, dass aus Frust (als Konflikt) der fremdkulturellen Person Freude über die Beziehung zu einer einheimischen Person wird.

Tritt in bestimmten Situationen eine stärkere Verhaltensänderung auf?
Persönlich habe ich den Eindruck, dass aus dem Privaten stärkere Impulse kommen, da dort Veränderungen unter Umständen massiverer Natur sind. Gewisse Arbeitsstandards sind in bestimmten Branchen international. So können unter Umständen kleinere Konflikte durch „Professionalität" abgefangen werden. Viele Probleme stauen sich aber oft parallel im privaten Kontext der Betroffenen Person(en) an und wirken dann unter Umständen auch negativ in den beruflichen Kontext ein, z.B. durch erhöhte Gereiztheit.

Persönliche Angaben:

Herkunftsland:	*Deutschland*
Derzeitiges Aufenthaltsland:	*Deutschland*
Berufliche Tätigkeit:	*Selbständig und Student*
Alter:	*21-30*
Geschlecht:	*männlich*
Höchste abgeschlossene Ausbildung:	*Universität/Fachhochschule*

8.2.8. Deutschland bzw. Deutschland/USA

<u>Teil 1: Deutschland</u>

Bewertung der Konflikte: *Eher negativ*

Tieferer Zweck der Konfliktlösung: *Klärung des Sachverhalts*

Präferierte Verhaltensweisen zur Konfliktlösung:

- *Direktes Ansprechen: Die involvierten Individuen sprechen offen über den Konflikt*
- *Der Schwerpunkt der Konfliktregelung liegt auf der Sachebene*
- *Der Schwerpunkt der Konfliktregelung liegt auf der Beziehungsebene*

Kommentare:
Ich denke, der Unterschied ist, dass bei Konflikten im beruflichen Alltag der Schwerpunkt der Konfliktregelung auf der Sachebene liegt und im Privaten eher auf der Beziehungsebene, wobei es insbesondere im Beruflichen auch zu Beziehungskonflikten kommen kann.

Macht:

- Wie zeigt sich Macht in Konflikten?
  Z.B. durch Eskalation des Konfliktes auf die nächsthöhere Ebene und Entscheidung des Konfliktes in dieser Ebene.
- Welche Herausforderungen und Erwartungen werden im Konfliktfall mit einer bestimmten Machtposition verknüpft?
  Mit einer Machtposition wird verbunden, dass diese im Konfliktfall einen Konflikt fair, gerecht, zu aller Zufriedenheit und schnell schlichten kann.

- Welche Machtmittel gelten in den jeweiligen Kulturen zur Lösung eines Konfliktes als legitim?
  Legitime Machtmittel sind in Deutschland: Laut werden, psychologischen Druck aufbauen, Drohungen mit Sanktionen, Zurückziehen.

Wann wird ein Konflikt als gelöst und beendet betrachtet?
Wenn beide Seiten einigermaßen zufrieden wieder an einem Tisch sitzen können.

Teil 2: Deutschland/USA

Auf welcher Ebene wurden die Verhaltensweisen beobachtet: *Kleingruppe*

In welchem Lebensbereich wurde das Verhalten beobachtet: *Arbeit*

Mögliche kulturelle Ursachen des Konfliktes:
- *Kommunikation: verbales Verhalten, nonverbales Verhalten (Blickverhalten, Mimik, Gestik etc.), paraverbales Verhalten (Lautstärke, Intonation, Sprechgeschwindigkeit)*
- *Macht- und Hierarchieverständnis*
- *Stereotypen und Vorurteile*

Beschreibung der Konfliktsituation und eventueller Verhaltensänderungen:
Wöchentliche Videokonferenz D mit USA in einem Projekt: Stimmung verschlechterte sich von Woche zu Woche, US-Amerikaner immer passiver, D immer frustrierter, beide Seiten reden schlecht übereinander hinter dem Rücken, aber keiner spricht das Thema an, und als ein D es anspricht, keine Reaktion: „we have no problem": ein Horror!!
Nach x Wochen die Lösung: Statusberichte aus dem Management sind in USA unüblich, dort ist Information eine Holschuld, hingegen in D eine Bringschuld!

Kommt die Verhaltensänderung tendenziell im Zusammentreffen mit anderen Kulturen zum Tragen oder ist sie auf die spezielle Situation bzw. die individuelle Disposition zurückzuführen?
Informationsbeschaffung wird einfach anders gehandhabt und das muss man wissen

Kommt die Verhaltensänderung nur im Zusammentreffen dieser beiden Kulturen vor oder verläuft sie auch im Zusammentreffen mit anderen Kulturen so oder ähnlich?
Nachdem Informationsmanagement in interkulturellen Projekten automatisch so abläuft wie in nationalen Projekten war die Verhaltensänderung nur da, weil sich die andere Partei so destruktiv zeigte und dadurch zu Irritation führte.

Tritt in bestimmten Situationen eine stärkere Verhaltensänderung auf?
Ja, wenn man viele solcher Erfahrungen gemacht hat wird man automatisch viel vorsichtiger und weiß, dass einfach nichts selbstverständlich ist im Umgang mit anderen Kulturen. Dadurch ist man viel sensibler auf das Feedback des Gegenübers.

Persönliche Angaben:

Herkunftsland:	*Deutschland*
Derzeitiges Aufenthaltsland:	*Deutschland*
Berufliche Tätigkeit:	*Dozentin*
Alter:	*31-40*
Geschlecht:	*weiblich*
Höchste abgeschlossene Ausbildung:	*Universität/Fachhochschule*

8.3. Kommentare zu den Befragungsergebnissen

Wie zu Beginn des Kapitels 8 schon erwähnt, soll und kann die kleine empirische Erhebung keine gesicherten Forschungsergebnisse liefern, sondern soll dazu dienen, die theoretischen Erkenntnisse dieser Arbeit aus dem persönlichen Blickwinkel von Betroffenen zu beleuchten.

Die Befragung hat sehr schöne Beispiele aus interkulturellen Konfliktsituationen ergeben. Obwohl die Beschreibungen in den Fragebögen schon sehr für sich sprechen, werden anschließend die wichtigsten Ergebnisse noch in einer Übersicht zusammengefasst und kommentiert.

Die *Bewertung der Konflikte* wird durchgehend von allen Befragten als negativ gesehen. Der **Zweck der Konfliktlösung** liegt bei England und Deutschland in der Klärung des Sachverhalts, bei allen anderen hier angeführten Ländern in der Wiederherstellung der Harmonie, was durchaus auch den gängigen interkulturellen Forschungsergebnissen entspricht.

Bei den *präferierten Verhaltensweisen* zur Lösung des Konflikts kann aus den vorliegenden Ergebnissen folgende Reihung vorgenommen werden:

Schwerpunkt Beziehungsebene	7 Nennungen
Gesichtswahrung (Gesicht des anderen)	6 Nennungen
Vermeidung	5 Nennungen
Gesichtswahrung (eigenes Gesicht)	4 Nennungen
Vermittlung	4 Nennungen
Kompromissbereitschaft	4 Nennungen
Zurückdrängung	3 Nennungen
Macht	3 Nennungen
Gruppenkonsens	2 Nennungen
Schwerpunkt Sachebene	2 Nennungen
Win-Win-Orientierung	2 Nennungen

Direktes Ansprechen	1 Nennung
Verharren auf Standpunkten	1 Nennung

Die Frage nach *Bedeutung und Ausdruck von Macht* in Konfliktsituationen hat ergeben, dass Macht hauptsächlich im Sinne von Autorität und Hierarchien ausgeübt wird.

Die Nennungen der möglichen *kulturellen Ursachen* des Konfliktes ergeben folgende Reihung:

Stereotypen und Vorurteile	6 Nennungen
Wahrnehmung	5 Nennungen
Kommunikation	5 Nennungen
Unterschiedliche Werte	5 Nennungen
Macht- und Hierarchieverständnis	5 Nennungen
Ausdruck von Emotionen	2 Nennungen
Umgang mit Zeit	2 Nennungen
Umgang mit Raum und Distanz	2 Nennungen
Genderzugehörigkeit	1 Nennung
andere: Alter, Herkunft (Stadt/Land)	1 Nennung

Was die *Verhaltensänderung* in interkulturellen Konflikten im Vergleich zu intrakulturellen Konflikten angeht, so ist nur in den Fällen Thailand/Österreich, Großbritannien/Deutschland und Tschechien/Deutschland eine deutliche Veränderung im Konfliktverhalten festzustellen, wobei die Veränderung im britisch/deutschen Fall erst stattfindet, als sich der Brite unter sehr großem persönlichen Druck befindet. In den anderen Fällen geht es eher um eine persönliche Veränderung, die sich aber nicht unmittelbar auf das Interaktionsverhalten im Konflikt selbst bezieht.

Im Ergebnis *Thailand/Österreich* wird ein wichtiger Aspekt im zwischenmenschlichen Konfliktverhalten angesprochen, nämlich dass es umso schwieriger wird, sein Verhalten an die andere Kultur anzupassen, je wichtiger eine Angelegenheit erscheint. Je stärker die persönlichen Interessen involviert sind, umso mehr kommen auch die seelischen Faktoren in Konflikten zum Tragen, die bereits in Kapitel 4.1. aus theoretischer Sicht beleuchtet wurden. Die Verengung und Verzerrung der Wahrnehmung hat eine negative Bewertung des Verhaltens des Gegenübers zur Folge, die Flexibilität wird eingeschränkt und eine Anpassung des Verhaltens bzw. ein Einlenken immer schwieriger.

Sehr schön kommt in diesem Beispiel auch der Aspekt der Hierarchie zum Tragen: Die Wahrung der hierarchischen Strukturen ist wichtiger als die Frage, ob der Antrag nun richtig oder falsch ausgefüllt wurde, obwohl die Diskussion auf dieser Ebene ausgetragen wird. Zur Wahrung des Gesichtes wird sozusagen der Krieg an einem anderen Schauplatz ausgetragen und auf diese Weise versucht, die hierarchische Frage zu klären.

Die Probandin beschreibt auch sehr anschaulich die Bewertung der Handlungen, die durch die eigene Kulturbrille hindurch vorgenommen werden: stur, zu wenig obrigkeitshörig, respektlos etc.

Was ebenfalls in diesem Beispiel gut herauskommt, ist, dass man sich im interkulturellen Umfeld oft durch „Äußerlichkeiten“ täuschen lässt: Auch wenn jemand sehr international wirkt, muss das nicht unbedingt heißen, dass grundsätzliche Überzeugungen und Werte nicht mehr so stark kulturell geprägt sind.

Im Beispiel *Frankreich/Deutschland* wird ein Aspekt angesprochen, der zwar in der vorliegenden Arbeit aus theoretischer Sicht nicht behandelt wurde, der nichtsdestoweniger aber im Kontakt mit anderen Kulturen sehr wichtig ist, nämlich die Dissensfähigkeit. Dies ist die Fähigkeit, in unklaren bzw. ungeklärten Situationen ohne Konsens auszukommen und Dissens auszuhalten, was den Beteiligten oft sehr schwer fällt. Man sucht vielmehr die Klärung und Bereinigung der Situation und hat das Gefühl, ohne „Gleichklang“ nicht mehr handlungsfähig zu sein.

Im selben Beispiel wird der von Thomas identifizierte deutsche Kulturstandard der „interpersonalen Distanzdifferenzierung“ angesprochen (siehe

Kapitel 3.2.). Ein ungefragtes Einmischen in die Angelegenheiten anderer ist nicht erwünscht und wird sanktioniert.

Im Fall *China/Deutschland* wird ausgesagt, dass ein Konflikt dann als gelöst betrachtet wird, wenn er nicht mehr nach außen gezeigt wird. Dies zeigt einen sehr interessanten Aspekt, der m.E. individualistische von kollektivistischen Kulturen unterscheidet, nämlich dass es wichtiger ist, das Gesicht zu wahren und nach außen hin Harmonie zu zeigen, als Dinge grundsätzlich zu regeln. Wenn die Harmonie wiederhergestellt ist, lässt sich dann vielleicht auch der Konflikt leichter lösen bzw. löst sich von selber.

Zum Vergleich bietet sich hier eine kleine Geschichte aus dem Neuen Testament, nämlich aus Matthäus 21, 28-31 an:

Ein Mann hatte zwei Söhne. Er ging zum ersten Sohn und sagte: „Mein Sohn, geh und arbeite heute im Weinberg." Der Sohn antwortete: „Das werde ich tun." Aber er tat es nicht.

Der Vater ging also zum zweiten Sohn und trug ihm das gleiche auf. Dieser Sohn antwortete: „Ich will heute nicht im Weinberg arbeiten." Kurze Zeit später jedoch reute es ihn und er ging doch.

Auf die Frage, welcher Sohn die Wünsche seines Vaters erfüllt hat, sagt die Bibel, der erste Sohn. Kollektivistische Kulturen hingegen sagen der zweite Sohn. Er respektierte die formale Hierarchie und widersprach seinem Vater nicht. Ob er dann schließlich in den Weinberg ging oder nicht, ist zweitrangig.

Im selben Fragebogen *(China/Deutschland)* sowie im Beispiel *Deutschland/USA* wird auch die unterschiedliche Handhabung von Sach- und Beziehungsebene angesprochen, die auch im theoretischen Teil der Arbeit bereits thematisiert wurde. Der starke Fokus der individualistischen Kulturen auf die Sachebene ist aber gerade in Konflikten oft problematisch. Wenn sich der Konflikt auf einer fortgeschrittenen Eskalationsstufe befindet, versuchen die Konfliktparteien oft krampfhaft ihre Sachlichkeit beizubehalten bzw. unter Beweis zu stellen, selbst wenn es auf dieser Stufe schon lange nicht mehr um die Sache geht, sondern die Beziehung bereits in eine derartige Schieflage geraten ist, dass man nur noch persönliche Rache nehmen will. Würde es in einem früheren Stadium gelingen, den Fokus weg von der Sach- und hin zur Beziehungsebene zu bringen und diese zu klären, wäre unter Umständen eine solche Eskalation zu verhindern.

Auch die Trennung bzw. Nicht-Trennung von privatem und beruflichem Bereich wird im Beispiel *China/Deutschland* angesprochen. Hieraus entstehen in der interkulturellen Zusammenarbeit immer wieder Konflikte, da Kulturen, die diese beiden Bereiche lieber trennen, oft das Gefühl haben, das anderskulturelle Gegenüber verletze ständig ihre Privatsphäre und dringe in Bereiche ein, zu denen sie ihm eigentlich keinen Zutritt gewähren wollen.

Im Fall *Tschechien/Deutschland* wird ein wichtiges Werkzeug der Gesichtswahrung angeführt, nämlich das Vier-Augen-Gespräch im Konfliktfall. Das speziell im deutschsprachigen Raum übliche Ausdiskutieren von Konflikten vor anderen anwesenden Personen stößt Vertreter vieler anderer Kulturen vor den Kopf und ist ihnen extrem unangenehm.

Auch das Beispiel der hierarchischen Regeln im Fall *Tschechien/Deutschland* zeigt, dass vor allem in stark hierarchischen Kulturen die Spielregeln von „unten nach oben" und von „oben nach unten" oft sehr unterschiedlich sein können. Hier kann auch z.B. Zeit als Machtwerkzeug eingesetzt werden: der „Höhere" lässt den „Niedrigeren" warten, um ihm seine Macht und Überlegenheit zu demonstrieren.

Das Zitat „leise Sachlichkeit ist gefragt" im Beispiel *England/Deutschland* drückt m.E. sehr viel über das unterschiedliche Kommunikationsverhalten zwischen Engländern und Deutschen aus. Zwar zählen beide Kulturen eher zu den sachorientierten, aber dies ist ein schönes Beispiel dafür, dass ein- und dieselbe Dimension völlig unterschiedliche Erscheinungsformen haben kann.

Im selben Fragebogen wird auch noch die individuelle Ebene von Personen angesprochen, die im interkulturellen Zusammentreffen oft vergessen wird, da die Wahrnehmung unbekannter „Dinge" – in diesem Fall Kulturen – meist sehr viel undifferenzierter ausfällt, als bei bekannten „Dingen". Es gibt auch innerhalb eines Kulturkreises Vertreter, die grundsätzlich anerkannten Werten, Normen und Verhaltensweisen dieser Kultur zuwiderhandeln – in diesem Fall sehr direkte Engländer und harmoniebedürftige, diplomatische Deutsche.

Im Beispiel *Brasilien/Deutschland* ist zu sehen, wie ein vorhandener Stereotyp („Brasilianer sind laut") zu einer Überanpassung führt, die die Vertreter der anderen Kultur abschreckt und diese sich in der Folge distanzieren lässt. Es ist außerdem in diesem Beispiel eine aus interkultureller Sicht sehr interessante Bemerkung zu finden: "So können unter Umständen kleinere Konflikte durch ‚Professionalität' abgefangen werden." M.E. stellt genau dies einen der Knackpunkte dar, nämlich die Interpretation gewisser Begriffe: Was bedeutet „Professionalität" in verschiedenen Kulturen? Wie verhält sich jemand, der professionell ist? Die Autorin hat hier auch eigene Erfahrungen im arabischen Raum gemacht, wo sie das Verhalten der arabischen Geschäftspartnerin (starke Einbindung des Privatbereiches und der Familie in geschäftliche Abläufe) in einem ersten Moment als „unprofessionell" (und zum Teil auch unhöflich) empfunden hat.

Das Beispiel *Deutschland/USA* zeigt sehr schön die impliziten Erwartungshaltungen von Menschen in der internationalen Zusammenarbeit hinsichtlich Dingen, die so selbstverständlich sind, dass niemand auf die Idee kommen würde, sie zu hinterfragen. In diesem Fall handelt es sich um die Hol- und Bringschuld von Informationen. Erst als die Irritation so schwerwiegend wird, dass die Parteien ein destruktives Verhalten an den Tag legen, ergreifen die Parteien die Initiative, um den Konflikt zu lösen.

Zum Abschluss soll noch eine Aussage aus dem Fragebogen *Deutschland/USA* zitiert werden: Nichts ist selbstverständlich im Umgang mit anderen Kulturen und ein sensibles Eingehen auf das Feedback des Gegenübers ist sehr wichtig.

9. Abschließende Empfehlungen

Ausgehend von den theoretischen Grundlagen, den Forschungsergebnissen und der empirischen Studie können nachfolgende Empfehlungen abgeleitet werden.

In einer Konfliktsituation, in der zwei oder mehr Vertreter verschiedener Kulturen involviert sind, ist es wichtig zu analysieren, ob und wie Kultur die Wahrnehmung, die Interpretation und das Verhalten der Beteiligten beeinflusst. Es können auch die persönliche Disposition, situative Elemente oder die Beziehung zwischen den Beteiligten für den Konflikt verantwortlich sein. Vor einer voreiligen „Kulturalisierung" des Konflikts ist Abstand zu nehmen.

Die „kulturelle Persönlichkeit" eines Menschen ist sehr vielschichtig und neben nationalkulturellen Einflüssen können auch die regionale Kultur, Religion, Erziehung, Geschlecht, soziale Schicht usw. eine Rolle spielen. Aus diesem komplexen Zusammenspiel der vielen verschiedenen Kulturen, die jeder Mensch in sich vereint, entsteht eine individuelle Kultur jeder einzelnen Person. Verallgemeinerungen und eine Reduktion auf nationalkulturelle Prägungen können zu einer verzerrten Wahrnehmung und unter Umständen zu einer weiteren Verschärfung des Konfliktes führen.

In der westlichen Literatur werden oft Vergleiche mit „spektakulär" anderen Kulturen unternommen. Der Fokus wird sehr stark auf Differenzen gelegt und der Blick auf Gemeinsamkeiten wird dadurch verstellt. Zudem wird der Eindruck geschaffen, dass der Umgang mit uns „näherstehenden" Kulturen einfacher wäre. Aber gerade die feinen, kleinen Unterschiede, derer man sich nicht bewusst ist, können dann zu Konflikten führen, deren kulturelle Perspektive möglicherweise nicht erkannt wird. Dies führt zu Attributionsfehlern und der Konflikt wird möglicherweise auf eine „Charakterschwäche" des Gegenübers o.ä. zurückgeführt. Um dies zu vermeiden, ist eine Thematisierung der Irritation hilfreich, die so genannte „Metakommunikation": die Ereignisse werden sozusagen aus der Vogelperspektive betrachtet und diskutiert.

Im Kontakt mit anderen Kulturen ist es auch besonders wichtig, sich nicht nur damit auseinander zu setzen, wie die andere Partei vermutlich „ticken“ könnte, sondern sich vielmehr der eigenen kulturellen „Brille“ und eigener Vorurteile und Stereotypen bewusst zu werden. In der Konfliktsituation, die Stress verursacht, werden bereits existierende Stereotypen nur allzu leicht bestätigt oder verstärkt.

Es sollte auch bedacht werden, dass aufgrund der unterschiedlichen Wahrnehmung und Bewertung eine Situation von der anderen Partei möglicherweise gar nicht als Konflikt wahrgenommen wird.

Der Großteil der Handlungsempfehlungen der aktuellen Literatur basiert auf kulturvergleichenden Studien. Nationalkulturelle Konfliktstile werden einander gegenübergestellt und Unterschiede herausgearbeitet. Die wenigen Studien, die die Veränderung des Konfliktverhaltens zum Gegenstand haben, haben jedoch eindeutig ergeben, dass die Konfliktparteien ihr Verhalten in der interkulturellen Kontaktsituation anpassen und verändern. Die Konfliktparteien versuchen sich aufeinander einzustellen, sie beeinflussen sich gegenseitig und es bilden sich neue Varianten der Ausgangskulturen – im Idealfall eine gemeinsame dritte Kultur. Kulturvergleichende Studien sind in interkulturellen Kontaktsituationen also nur bedingt als Basis für Verhaltensnormen heranzuziehen. Sie können zwar eine Orientierung bieten, sollten aber auf jeden Fall hinterfragt werden.

10. Literaturverzeichnis

Academy of Management Journal (1983): 26

Adair, W.L. et al. (1998): Culturally Bound Negotiation Scripts and Joint Gains in U.S. and Japanese Intra- and Inter-Cultural Dyads. Kellogg Working Papers – Dispute Resolution Research Center

Adair, W.L./Brett, J.M. (2002): Time, Culture and Behavioral Sequences in Negotiations. Kellogg Working Papers – Dispute Resolution Research Center, No. 268 – 1/23/2002

Applied Psychology (2003): An International Review. 52, (3).

Argyris, C. (1990): Overcoming Organizational Defences. Needham/Mass.

Augsburger, D.W. (1992): Conflict Mediation Across Cultures. John Knox Press Kentucky

Austin, W. (Hrsg.) (1986): Psychology of Intergroup Relations. Monterey/CA

Avruch, K. et al. (Hrsg.) (1991): Conflict resolution: Cross-cultural perspectives. Westport/Connecticut

Bailey, B. (2000): Communicative behaviour and conflict between African-American customers and Korean immigrant retailers in Los Angeles. In: Discourse & Society, Vol. 11, S. 86-108. London/Thousand Oaks (CA)/New Delhi. Internetquelle: http://www.hum.aau.dk/~firth/US&Koreanconflict.pdf; 03.07.2006

Baumer, T. (2002): Handbuch Interkulturelle Kompetenz, Zürich

Bennett, M. (1995): Critical Incidents in an Intercultural Conflict Resolution Exercise. In: Fowler, S.M./Mumford, M.G.: Intercultural Sourcebook: Cross Cultural Training Methods. Vol. 1, Yarmouth. Intercultural Press, S. 147-156

Bennett, M. (1998): Intercultural Communication: A Current Perspective. In: Bennett, M. (Hrsg.): Basic Concepts of Intercultural Communication. Selected Readings. Yarmouth/Maine

Bennett, M. (Hrsg.) (1998): Basic Concepts of Intercultural Communication. Selected Readings. Yarmouth/Maine

Bercovitch, J. (Hrsg.) (1996): Resolving International Conflicts. The Theory and Practice of Mediation.

Bergemann, N./Sourisseaux, A.L.J. (Hrsg.) (2003): Interkulturelles Management. Berlin/Heidelberg/New York, 3. Auflage.

Besemer, C. (1999): Mediation. Vermittlung in Konflikten. Stiftung Gewaltfreies Leben. Werkstatt für Gewaltfreie Aktion. Baden, 6. Auflage

Blake, R.R./Mouton J.S. (1964): The Managerial Grid. Key Orientations for Achieving Production Through People. Houston

Bohannan, P./Elst, D. (2003): Fast nichts Menschliches ist mir fremd. Wuppertal, 2. Auflage

Boness, C. (2002): Kritische Situationen in Begegnungen zwischen Tansaniern und Europäern. Eine Felduntersuchung im Secondary School System Tansanias. Frankfurt.

Brew, F./D. Cairns (2004): Do culture or situational constraints determine choice of direct or indirect styles in intercultural workplace conflicts? In: International Journal of Intercultural Relations. 28, (5), S. 331-352

Brück, F. (2002): Interkulturelles Management. Kulturvergleich Österreich – Deutschland – Schweiz. Frankfurt am Main/London

Busch, D./Schröder, H. (Hrsg.) (2005): Perspektiven interkultureller Mediation. Grundlagentexte zur kommunikationswissenschaftlichen Analyse triadischer Verständigung. Studien zur interkulturellen Mediation. Bd. 2. Frankfurt am Main

Chan, D.K.-F./Goto, S.G. (2003): Conflict resolution in the culturally diverse workplace. Some data from Hong Kong employees. In: Applied Psychology. An International Review. 52, (3), S. 441-460

Cohen, R. (1996): Cultural Aspects of International Mediation. In: Bercovitch, J. (Hrsg.): Resolving International Conflicts. The Theory and Practice of Mediation.

Deutsch, M. (1976): Konfliktregelung konstruktive und destruktive Prozesse. München/Basel

Discourse & Society (2000): Vol. 11. London/Thousand Oaks (CA)/New Delhi.

Fisher, R. et al. (2006): Das Harvard-Konzept. Der Klassiker der Verhandlungstechnik. Handelsblatt Karriere und Management Band 1 (limitierte Sonderausgabe). Frankfurt/Main

Fowler, S.M./Mumford, M.G. (1995): Intercultural Sourcebook: Cross Cultural Training Methods. Vol. 1, Yarmouth Intercultural Press

Garfinkel, H. (1973): Das Alltagswissen über soziale und innerhalb sozialer Strukturen. In: Soziologen, Arbeitsgruppe Bielefelder (Hrsg.): Alltagswissen, Interaktion und gesellschaftliche Wirklichkeit. Band 1: Symbolischer Interaktionismus und Ethnomethodologie. Rheinbeck bei Hamburg. S. 189-261

Garfinkel, H. (1974): Bedingungen für den Erfolg von Degradierungszeremonien. In: Gruppendynamik, 5. Jg., April 1974

Gehirn und Geist (2003): Nr. 1

Gelfand, M.J. et al. (2001): Cultural influences on cognitive representations of conflict: interpretations of conflict episodes in the United States and Japan. In: Journal of Applied Psychology, Nr. 86, S. 1059-1074

George, J.M. et al. (1998): The role of affect in cross-cultural negotiations. In: Journal of International Business Studies. 29, (4). S. 749-772

Glasl, F. (2004): Konfliktmanagement. Ein Handbuch für Führungskräfte, Beraterinnen und Berater. Bern, Stuttgart, Wien, 8. Auflage

Global Media Journal (2005): 4, (6)

Goffman, E. (1955): On face-work. In: Psychiatry, Vol. 18, S. 211-231

Gudykunst, W.B. et al. (Hrsg.) (1985): Communication, culture, and organizational processes. Beverly Hills (California)

Gruppendynamik (1974): 5. Jg., April 1974

Hall, E.T. (1981): Beyond Culture. New York

Hall, E.T. (1990): The Silent Language. New York/Toronto, 2. Auflage

Hammer, M.R. (2005): The Intercultural Conflict Style Inventory: A conceptual framework and measure of intercultural conflict resolution approaches. In: International Journal of Intercultural Relations, 29, (6), S. 675-695

Hartung, W. et al. (1974): Sprachliche Kommunikation und Gesellschaft. Berlin

Haumersen P./Liebe F. (2005): Interkulturelle Mediation. Empirisch-analytische Annäherung an die Bedeutung von kulturellen Unterschieden. In: Busch, D./Schröder, H. (Hrsg.) (2005): Perspektiven interkultureller Mediation. Grundlagentexte zur kommunikationswissenschaftlichen Analyse triadischer Verständigung. Studien zur interkulturellen Mediation. Bd. 2. Frankfurt am Main

Heider, F. (1977): Psychologie der interpersonalen Beziehungen. Stuttgart

Hewstone, M./Fincham, F. (1996): Attributionstheorie und –forschung: Grundlegende Fragen und Anwendungen. In: Stroebe, W./Hewstone, M./Stephenson, G.M. (Hrsg.): Sozialpsychologie: eine Einführung. Berlin. S. 177-218

Hofstede, G. (2001): Lokales Denken, globales Handeln. Interkulturelle Zusammenarbeit und globales Management. 2. Auflage. München

Hong, J. (2005): Conflict Management in an Age of Globalization: A Comparison of Intracultural and Intercultural Conflict Management Strategies between Koreans and Americans. In: Global Media Journal. 4, (6)

Hui, C.H./Triandis H.C. (1986): Individualism-Collectivism: A Study of Cross Cultural Researchers. In: Journal of Cross-Cultural Psychology, Nr. 17, S. 225-248

Human Relations (1989): 42, (9)

International Journal of Conflict Management (2001): 12, (3)

International Journal of Intercultural Relations (1996): Nr. 20

International Journal of Intercultural Relations (1998): Nr. 22

International Journal of Intercultural Relations (2000): 24, (1).

International Journal of Intercultural Relations (2004): 28, (5)

International Journal of Intercultural Relations (2005): 29, (6)

Jin, X. (1994): Kontakte, Konflikte und Kompromisse. Interkulturelle Kommunikation zwischen Deutschen und Chinesen in einem Joint-Venture. SIC (Studies in Intercultural Communication/Studien zur Interkulturellen Kommunikation), Band 11, Saarbrücken

Journal of Applied Psychology (2001): Nr. 86

Journal of Cross-Cultural Psychology (1986): Nr. 17

Journal of International Business Studies (1998): 29, (4)

Kappe, D. (1996): Konfliktbewältigung und kulturspezifisches Konfliktverhalten. Wiesbaden

Keller, E. von (1982): Management in fremden Kulturen. Bern/Stuttgart

Kessen, S. (2004): Kultur in der Mediation. In: Mehta, G./Rückert K. (Hrsg.): Streiten Kulturen? Konzepte und Methoden einer kultursensitiven Mediation. Wien. S. 119-134

Khoo, G.P.S. (1994): The Role of Assumptions in Intercultural Research and Consulting: Examining the Interplay of Culture and Conflict at Work. Pacific Region Forum on Business and Management Communication. Simon Fraser University at Harbour Centre, David See-Chai Lam Centre for International Communication

Kim, Y.Y./Gudykunst, W.B. (Hrsg.) (1988): Theories in Intercultural Communication. Newbury Park/California

Kochmann, T. (1981): Black and white styles in conflict. Chicago

Kochmann, T. (1996): Black and white cultural styles in pluralistic perspective. In: Weaver, G.R. (Hrsg.): Culture, communication and conflict: readings in intercultural relations. Needham Heights/Massachussetts. S. 283-298

Kölner Zeitschrift für Soziologie und Sozialpsychologie. 48, (3)

Kozan, M.K. (1989): Cultural Influences on Styles of Handling Interpersonal Conflicts: Comparisons Among Jordanian, Turkish, and U.S. Managers. In: Human Relations. 42, (9). S. 787-799

Kroeber, A.L./Kluckhohn, C. (1952): Culture: A Critical Review of Concepts and Definitions. Cambridge, 47 (1)

Kumar, R. (2001): Culture and emotions in negotiations: an overview. Culture and Negotiation Conference, Northwestern University, October 26-28, 2001.

Layes, G. (2003): Kulturdimensionen. In: Thomas, A. et al. (2003a): Handbuch Interkulturelle Kommunikation und Kooperation, Band 1: Grundlagen und Praxisfelder. Göttingen. S. 60-73

Lederach, J.P. (1996): Preparing for Peace. Conflict Transformation Across Cultures. New York

Lessmöllmann, A. (2003): Wo links nicht links ist. In: Gehirn und Geist, 1/2003, S. 42-43

Leung, K./Tong, K.-K. (2001): Justice across cultures: A three-component perspective. Kellogg Working Papers – Dispute Resolution Research Center, No. 265 – 1/15/2002

Levine, R. (1998): Eine Landkarte der Zeit. Wie Kulturen mit Zeit umgehen. München

Lindsley, S.L./Braithwaite, C.A. (1996): "You should wear a mask": facework norms in cultural and intercultural conflict in maquiladoras. International Journal of Intercultural Relations 20, S. 199-225

Markus, H.R./Kitayama, S. (1991): Culture and the self: implications for cognition, emotion, and motivation. In: Psychological Review, Nr. 2, S. 224-253

Mattl, C. (2004): Zum Verständnis interkultureller interpersonaler Konflikte in der Mediation (unter besonderer Berücksichtigung der Ergebnisse aus der empirischen kulturvergleichenden und interkulturellen Konfliktforschung). In: Mehta, G./Rückert K. (Hrsg.): Streiten Kulturen? Konzepte und Methoden einer kultursensitiven Mediation. Wien. S. 7-29

Mattl, C. (2006): Interkulturelle interpersonale Konflikte? Ansatzpunkte zum Verständnis von Konfliktentstehung und Konfliktverhalten im interkulturellen Kontext. Frankfurt am Main/London

Mayer, C.-H./C. Boness (2004): Interkulturelle Mediation und Konfliktbearbeitung. Bausteine deutsch-afrikanischer Wirklichkeiten. Münster

Mayer, C.-H. (2006): Trainingshandbuch Interkulturelle Mediation und Konfliktlösung. Didaktische Materialien zum Kompetenzerwerb. Münster

Mayton, Lodges et al. (1994): Human Values and Social Sciences. Journal of Social Issues, Vol. 50, No. 4

Mehta, G./Rückert K. (Hrsg.) (2004): Streiten Kulturen? Konzepte und Methoden einer kultursensitiven Mediation. Wien

Moran, R.T. et al. (1994): Japan. In: Rahim, M. et al. (Hrsg): Global perspectives on organizational conflict. Westport (Connecticut)/London. S. 33-52

Niedermeyer, M. (2005): Seminarunterlagen „Interkulturelles Management", 21.10.2005, Masterstudiengang „Interkulturelle Kompetenz", 2004-2006, Donau-Universität Krems

Oguro, T. (1984): Ihr Deutschen, wir Japaner. Ein Vergleich von Mentalität und Denkweise. München.

Peyron, C. (2004): Viele Kulturen – ein Mediationsverfahren? Von der Notwendigkeit vielfältiger Ansätze, Methoden und Verfahren in der interkulturellen Konfliktverarbeitung. In: Mehta, G./Rückert K. (Hrsg.): Streiten Kulturen? Konzepte und Methoden einer kultursensitiven Mediation. Wien. S. 148-161

Porter, R.E. (Hrsg.) (1994): Intercultural Communication. A Reader, Belmont/CA.

Psychiatry (1955): Vol. 18

Psychological Review (1991): Nr. 2

Rahim, M.A. (1983): A measure of styles of handling interpersonal conflict. In: Academy of Management Journal, 26. S. 368-376

Rahim, M.A. et al. (Hrsg.) (1994): Global perspectives on organizational conflict. Westport (Connecticut)/London

Rahim, M.A. et al. (2001): A structural equations model of leader power, subordinates' styles of handling conflict, and job performance. In: International Journal of Conflict Management. 12, (3). S. 191-201

Reif, E. (2004): Interkulturelle Mediation. In: Mehta, G./Rückert K. (Hrsg.): Streiten Kulturen? Konzepte und Methoden einer kultursensitiven Mediation. Wien. S. 31-54

Röttger-Rössler, B. (2004): Die kulturelle Modellierung des Gefühls. Ein Beitrag zur Theorie und Methodik ethnologischer Emotionsforschung anhand indonesischer Fallstudien. Göttinger Studien zur Ethnologie, Band 13. Münster

Rüttinger, B. (1977): Konflikt und Konfliktlösung. München

Schwartz, S.H. (1994): Are there Universal Aspects in the Structure and Content of Human Values? In: Mayton, Lodges et al.: Human Values and Social Sciences. Journal of Social Issues, Vol. 50, No. 4, S. 19-45

Smith, P.B./Bond, M.H. (1993): Social Psychology Across Cultures. Analysis and Perspectives. New York

Soziologen, Arbeitsgruppe Bielefelder (Hrsg.) (1973): Alltagswissen, Interaktion und gesellschaftliche Wirklichkeit. Band 1: Symbolischer Interaktionismus und Ethnomethodologie. Rheinbeck bei Hamburg.

Stroebe, W./Hewstone, M./Stephenson, G.M. (Hrsg.) (1996): Sozialpsychologie: eine Einführung. Berlin.

Tajfel, H. (1982): Gruppenkonflikte und Vorurteil. Entstehung und Funktion sozialer Stereotypen. Bern

Tajfel, H./Turner, J.C. (1979): An Integrative Theory of Intergroup Conflict. In: Worchel, S. (Hrsg.): The Social Psychology of Intergroup Relations. Monterey/CA

Tajfel, H./Turner, J.C. (1986): The Social Identity Theory of Intergroup Relations. In: Austin, W. (Hrsg.): Psychology of Intergroup Relations. Monterey/CA

Thomas, A. (2003a): Kultur und Kulturstandards. In: Thomas, A. et al. (2003a): Handbuch Interkulturelle Kommunikation und Kooperation, Band 1: Grundlagen und Praxisfelder. Göttingen. S. 19-31

Thomas, A. (2003b): Das Eigene, das Fremde, das Interkulturelle. In: Thomas, A. et al. (2003a): Handbuch Interkulturelle Kommunikation und Kooperation, Band 1: Grundlagen und Praxisfelder. Göttingen. S. 44-59

Thomas, A. et al. (2003a): Handbuch Interkulturelle Kommunikation und Kooperation, Band 1: Grundlagen und Praxisfelder. Göttingen

Thomas, A. et al. (2003b): Training Interkultureller Kompetenz. In: Bergemann, N./Sourisseaux, A.L.J. (Hrsg.) (2003): Interkulturelles Management. 3. Auflage. S. 237-272

Ting-Toomey, S. (1985): Toward a theory of conflict and culture. In: Gudykunst, W.B. et al. (Hrsg.): Communication, culture, and organizational processes. Beverly Hills (California), S. 71-86

Ting-Toomey, S. (1988): Intercultural Conflict Styles. A Face-Negotiation Theory. In: Kim, Y.Y./Gudykunst, W.B. (Hrsg.): Theories in Intercultural Communication. Newbury Park/CA , S. 213-235

Ting-Toomey, S. (1994): Managing Intercultural Conflicts Effectively. In: Porter, R.E. (Hrsg.): Intercultural Communication. A Reader. Belmont/CA, S. 360-372

Ting-Toomey, S./A. Kurogi (1998): Facework competence in intercultural conflict: An updated face negotiation theory. In: International Journal of Intercultural Relations, Nr. 22. S. 187-225

Ting-Toomey, S. (1999): Communication across cultures. New York

Ting-Toomey, S. et al. (2000): Ethnic/cultural identity salience and conflict styles in four US ethnic groups. In: International Journal of Intercultural Relations, 24, (1). S. 47-82

Ting-Toomey, S./Oetzel, J.G. (2001): Managing Intercultural Conflict Effectively. London/New Delhi

Weaver, G.R. (Hrsg.) (1996): Culture, communication and conflict: readings in intercultural relations. Needham Heights/Massachussetts

Weggel, O. (1987): China. Zwischen Marx und Konfuzius. München

Weiß, A. (2001): Macht und Differenz. Ein erweitertes Modell der Konfliktpotentiale in interkulturellen Auseinandersetzungen. Berlin

Wimmer, A. (1996): Kultur. Zur Reformulierung eines sozialanthropologischen Grundbegriffs. In: Kölner Zeitschrift für Soziologie und Sozialpsychologie. 48, (3), S. 401-425

Worchel, S. (Hrsg.) (1979): The Social Psychology of Intergroup Relations. Monterey/CA

11. Anhang

Fragebogen: intra- und interkulturelle Konfliktstile

Mit Hilfe dieses Fragebogens soll erhoben werden, inwieweit sich das intrakulturelle Konfliktverhalten von Personen im interkulturellen Zusammentreffen verändert. Da die Erfahrungen vermutlich relativ individuell sind, bitte ich Sie, die offenen Fragen möglichst umfangreich zu beantworten. Auch Kommentare zu den Fragen mit vorgegebenen Antworten sind möglich und willkommen.

Teil 1: intrakulturelles Konfliktverhalten

1. Welche Kultur werden Sie nachfolgend beschreiben? (1 Nennung)

2. Wie werden Konflikte in der jeweiligen Kultur Ihrer Erfahrung nach generell bewertet bzw. wie ist die Einstellung dazu?

□ Eher positiv

□ Eher negativ

□ Weiß nicht

3. Was ist der tiefere Zweck der Konfliktlösung?

□ Klärung des Sachverhalts

□ Wiederherstellung der Harmonie

□ andere:

4. Welche Verhaltensweisen zur Lösung von Konflikten werden präferiert? (Mehrfachnennungen möglich).

□ Direktes Ansprechen: Die involvierten Individuen sprechen offen über den Konflikt

□ Vermeidung: Konflikt wird verleugnet oder ignoriert

□ Zurückdrängung: Handlungen zur Unterdrückung des Konfliktes

□ Nutzung: Konflikt wird für kreativen Wandel, neue Ziele, Veränderungen etc. genutzt

- ☐ Macht: Konfliktlösung durch Eingriff von Autoritätsperson o.ä.
- ☐ Vermittlung: Hinzuziehen einer schlichtenden Person
- ☐ Gruppenkonsens: Gruppe erarbeitet Idee zur Konfliktlösung und trägt Entscheidung gemeinsam
- ☐ Gesichtswahrung: man ist bemüht, in einem Konflikt vor allem das Gesicht des anderen zu wahren
- ☐ Gesichtswahrung: man ist bemüht, in einem Konflikt vor allem sein eigenes Gesicht zu wahren.
- ☐ Der Schwerpunkt der Konfliktregelung liegt auf der Sachebene
- ☐ Der Schwerpunkt der Konfliktregelung liegt auf der Beziehungsebene
- ☐ Kompromissbereitschaft
- ☐ Verharren auf Standpunkten
- ☐ Win-Win-Orientierung
- ☐ Win-Lose-Orientierung

Kommentare zu 4.:

5. Macht:

- Wie zeigt sich Macht in Konflikten?
- Welche Herausforderungen und Erwartungen werden im Konfliktfall mit einer bestimmten Machtposition verknüpft?
- Welche Machtmittel gelten in den jeweiligen Kulturen zur Lösung eines Konfliktes als legitim?

6. Wann wird ein Konflikt als gelöst und beendet betrachtet?

Teil 2: interkulturelles Konfliktverhalten

Bitte denken Sie an eine bestimmte Konfliktsituation, an der ein Mitglied der im ersten Teil des Fragebogens beschriebenen Kultur und ein Mitglied einer anderen Kultur beteiligt waren. Beschreiben Sie nun das **Verhalten der oben gewählten Kultur.** Inwiefern haben Sie beobachtet, dass dieses Verhalten sich im Vergleich zu einer intrakulturellen Situation sich verändert hat?

7. Beteiligte Kulturen:

8. Auf welcher Ebene wurden die Verhaltensweisen beobachtet:

□ Individuell

□ Kleingruppe

□ Bestimmte gesellschaftliche Schicht

□ Nationalkulturelle Ebene

□ Andere:

9. In welchem Lebensbereich wurde das Verhalten beobachtet:

□ Arbeit

□ Privat

□ Religiöses Umfeld

□ Sonstiger sozialer Kontext:

10. Gab es mögliche kulturelle Ursachen des Konfliktes (Mehrfachnennungen möglich)

□ Wahrnehmung

□ Kommunikation: verbales Verhalten, nonverbales Verhalten (Blickverhalten, Mimik, Gestik etc.), paraverbales Verhalten (Lautstärke, Intonation, Sprechgeschwindigkeit)

□ Ausdruck von Emotionen

□ Unterschiedliche Werte

- □ Macht- und Hierarchieverständnis
- □ Genderzugehörigkeit
- □ Umgang mit Zeit
- □ Umgang mit Raum und Distanz (körperliche Nähe, privater/ öffentlicher Raum)
- □ Stereotypen und Vorurteile
- □ andere:

11. Bitte beschreiben Sie nun möglichst detailliert die Konfliktsituation und legen Sie dar, welche Verhaltensänderungen Sie im Vergleich zum intrakulturellen Bereich festgestellt haben.

12. Sind Sie der Meinung, dass die oben beschriebene Verhaltensänderung tendenziell im Zusammentreffen mit anderen Kulturen zum Tragen kommt, oder dass es auf die spezielle Situation bzw. die individuelle Disposition zurückzuführen war? Bitte erläutern Sie Ihre Meinung kurz.

13. Sind Sie der Meinung, dass die Verhaltensänderung Ihrer Ausgangskultur (aus Teil 1 des Fragebogens) nur im Zusammentreffen dieser beiden Kulturen so vorkommt, oder dass sie sich auch im Zusammentreffen mit anderen Kulturen so oder ähnlich verläuft? Bitte erläutern Sie Ihre Meinung kurz.

14. Haben Sie festgestellt, dass in bestimmten Situationen (z.B. beruflich, privat etc.) eine stärkere Verhaltensänderung auftritt? Wenn, ja, bitte erläutern Sie Ihre Erfahrungen kurz.

15. Persönliche Angaben:

Herkunftsland:

Derzeitiges Aufenthaltsland:

Berufliche Tätigkeit:

Alter: □ 20 Jahre oder jünger

□ 21-30

□ 31-40

□ 41-50

□ 51-60

□ 61 oder älter

Geschlecht: □ männlich

□ weiblich

Höchste abgeschlossene Ausbildung:

□ Pflichtschule

□ Lehre

□ Berufsbildende mittlere Schule

□ Höhere Schule mit Maturaabschluss

□ Universität/Fachhochschule

Vielen herzlichen Dank für Ihre Mitarbeit!